フロンティア
実験社会科学 6

「社会の決まり」は
どのように決まるか

西條辰義 [監修]
Saijo Tatsuyoshi

亀田達也 [編著]
Kameda Tatsuya

勁草書房

フロンティア実験社会科学　刊行にあたって

　「いきもの」としてのヒトは数百万年の単位で進化し，今もなお進化し続けている．そして，ヒトビトの行動や選択の積み重なりが結果として社会を作っていく．したがって，ヒトの特性を無視して社会を理解することはできない．ところが，従来の政治学，経営学，経済学，社会学，心理学を含む人文社会科学の分野は，そのような特性を分野ごとに想定し，各々の固有の手法に固執して互いに交わることなく，独立の分野としての学問を発達させてきた．

　ヒトの特性を各分野で独自に想定するのではなく，ヒトの特性を観察することから研究をはじめねばならない．実際，20世紀最後の四半世紀頃から，ヒトを対象とする様々な社会科学実験が始まった．とりわけ，長い実験の伝統を持つ心理学との交流が社会科学そのものを豊かなものに変革するきっかけとなりつつある．さらには，実験手法やその結果が，社会科学の分野のみならず，社会科学者と生物学，神経科学，工学などの分野の研究者を繋ぐ接着剤の役割を果たし始めている．ここでいう実験は，ヒトビトを実験室に集めて実施する実験に限らない．フィールドでの実験・調査，コンピューターシミュレーションなど，ヒトの特性に関するエビデンス（証拠）を精査し，蓄積する研究すべてを含む．

　本シリーズの基礎になっているのは，平成19年度から平成24年度にわたる文部科学省の科学研究費補助金による特定領域研究「実験社会科学―実験が切り開く21世紀の社会科学―」（領域代表者・西條辰義）の研究成果である．社会科学の様々な分野から構成される本領域の各班の班名，テーマ，班長は以下のとおりである．

市場班・総括班（市場制度の分析と設計：西條辰義（大阪大学から高知工科大学））
組織班（組織の分析と設計：下村研一（神戸大学））
政治班（政治制度の選択と機能分析：蒲島郁夫（東京大学から熊本県）から肥前
　　　洋一（北海道大学から高知工科大学））

フロンティア実験社会科学　刊行にあたって

社会班（社会関係資本の機能と創出：大和毅彦（東京工業大学）から清水和巳（早稲田大学））
意思決定班（意思決定のマイクロ過程分析：竹村和久（早稲田大学））
集団班（集団行動と社会規範：亀田達也（北海道大学から東京大学））
文化班（社会行動の文化・制度的基盤：山岸俊男（北海道大学，玉川大学，東京大学から一橋大学））
理論班（実験研究の意義と役割：巌佐庸（九州大学））

　各班には数多くの研究者・院生が参加している。また，班を超えるクモの巣状のネットワークも形成されている。すべての参加者の名前をあげるだけで数ページにわたるであろう。班長や参加者の皆さんの献身的な努力とあくなき好奇心に心より感謝したい。

西條辰義

はじめに

　私たちの社会にはさまざまな「決まり」が存在する。こうした「決まり」は，法律や契約に代表される「明文化された公式のルール」から，人々の間で暗黙のうちに共有されている「〜すべき」，「〜すべからず」という信念や相互期待に至るまで，さまざまな形を取りながら，私たちの行動に大きな影響を及ぼしている。同時に，そうした「決まり」は，私たちの社会をうまく成り立たせ，動かしていくうえで欠かすことのできない仕組みである。社会科学では，こうした仕組みのことを「社会規範（social norm）」と呼ぶ。社会規範は，人間社会を成り立たせるもっとも重要な文化的装置であると同時に，ほかの哺乳類の社会，たとえば，チンパンジーやゴリラなどの高等霊長類の社会と，ヒトの社会を進化的に区別するうえでの最も重要な鍵を握っている。

　社会規範は，法学はもとより，政治学，社会学，人類学，経済学にわたる社会科学全体の共通テーマでありながら，個別の分野を超える学問的な連携はこれまで極めて乏しかったと言わざるを得ない。しかし，この事情は，ゲーム理論が社会科学の共通言語となったことをきっかけとして，過去10年の間に急速に変わりつつある。また，より最近では，行動生態学や進化生物学などの自然科学領域との間に，実験とモデル構築を軸とする，新たな研究連携も生まれてきている。本巻では，社会規範の成立と維持を支える人間の行動・認知・感情的なメカニズムについて，個別分野を超えたさまざまな研究連携の具体的な展開を示す。

亀田達也

目　次

フロンティア実験社会科学　刊行にあたって
はじめに

序　章　「社会の決まりはどのように決まるか」という問い　…亀田達也　3
　1．「血と爪」vs. 社会規範　3
　2．霊長類の脳進化と群れサイズ　5
　3．コーディネーション問題と秩序問題　7
　4．本巻の構成　9

第1章　協力の進化――人間社会の制度を進化生物学からみて…巌佐　庸　15
　1．はじめに　15
　2．ヒト以外の動物での協力　15
　3．評判によって協力を維持する　17
　4．さまざまな発展　24
　5　湖水の水質改善問題――生態系と人々の選択の結合ダイナミックス　32
　6．累進的処罰　41
　7．おわりに　46

第2章　集団における協力の構造と協力維持のためのルール
　　　　――進化シミュレーションと聞き取り調査…中丸麻由子・小池心平　49
　1．はじめに　49
　2．進化シミュレーションによる All-for-one 構造の解析　53
　3．佐渡島における現代の頼母子講や相互扶助の事例調査　59

v

目　次

　4. 聞き取り調査と進化シミュレーションから　69
　補　遺　77

第3章　規範はどのように実効化されるのか――実験的検討
　………………………………………………………高橋伸幸・稲葉美里　85
　1. はじめに――規範，社会的ジレンマ，実効化　85
　2. 規範実効化の代表的な方法としてのサンクション　88
　3. 二次のジレンマ問題　92
　4. コストのかからない規範の実効化　103
　5. 規範の実効化は別な行動の副産物か？　109
　6. 今後の展望　110
　7. 結び　112

第4章　間接互恵性状況での人間行動　………………………真島理恵　117
　1. はじめに　117
　2. なぜ利他行動が存在するか？　117
　3. 利他行動の適応的基盤　118
　4. 間接互恵性の実証研究　125
　5. 一次・二次情報を統制した間接互恵性実験　126
　6. 実証データから理論へ　141

第5章　人間と動物の集団意思決定　………………………豊川　航　149
　1. はじめに――集団意思決定という普遍的な現象　149
　2. 集団意思決定を捉える2つの軸　150
　3. 集約型意思決定　151
　4. 合意型意思決定　159
　5. 集団意思決定研究の展望　166

第6章　集団の生産性とただ乗り問題
　　　——「生産と寄生のジレンマ」からの再考……亀田達也・金惠璘　175

1. はじめに　175
2. 秩序問題と社会的ジレンマ　175
3. 社会的ジレンマは普遍的か？　177
4. 生産者‐寄生者ゲーム　182
5. 結論　190

索　引　193
執筆者紹介　196

「社会の決まり」はどのように決まるか

序章　「社会の決まりはどのように決まるか」という問い

　本巻をスタートする上で，この章では，社会規範がうまく機能し維持されるためには，2つの問題群が解かれねばならないことを論じる。個々の人間のさまざまなインプットを集団全体の運営やアウトプットにつなげるために互いの行為をどのように調整するのかという「コーディネーション問題」と，個々の人間を集団での協調や規範の維持に向かわせるためのインセンティブをどのように設計するのかという「秩序問題」の2つである。本章は，各章への概念的なイントロダクションの役割を果たす。

1. 「血と爪」vs. 社会規範

　著名な霊長類学者ドゥ・ヴァール（Frans de Waal, 1989）は，『仲直り戦術：霊長類は平和な暮らしをどのように実現しているか』という本の中で次のように述べている。

　　たしかに動物たちは，たがいに生存をかけて争っている。それは否定できないことだろう。利益があい反するとき，動物たちはびっくりするほど暴力的になる。だからといって，することなすことすべてが，ほかのものを犠牲にするものでもない。動物には，協力的な集団を形成する種が多い。そして，その集団は調和しているようにみえるのである。
　　私たちにもっとも近縁の霊長類たちは，安定した社会関係を形づくっている。グループのメンバーは友人であり，またライバルである。食物とか交尾の相手をめぐってつのつきあわす。しかし，また同時に互いに依存しあっている。心を慰めるには，体の触れ合いが必要だ。競争に勝つには友達を失わざるを得ない事態に直面することもある。このジレンマに対処するには，あまり争わないようにするか，こうむった打撃をあとで修復するかのどちらか

序　章　「社会の決まりはどのように決まるか」という問い

しかないだろう。（中略）
　霊長類たちも，このふたつをじゅうぶん承知している。社会機構の過熱や爆発や分裂を防ぐための冷却装置を高度に発達させ，共同体を維持しているのである。（訳書，p.9）

　近年の動物行動学や進化生物学における著しい進歩は，それまで「弱肉強食」や「血と爪」といったイメージで語られていた動物の世界においても，多くの場合に「平和な暮らし」が実現されていることを，私たちに教えてくれる。「フロンティア実験社会科学第6巻」で行いたいのは，まさに，こうした「平和な暮らし」がどのように，どのような「社会機構の過熱や爆発や分裂を防ぐための冷却装置」により実現されているのかを考えるという作業である。
　さて，「人々がどのようにしたら平和な暮らしを実現できるのか」という問いは，ギリシャ・中国の古典から今日の法・政治哲学に至るまで，人文学・社会科学のもっとも中心的な問いの1つである。数千年にわたる人文学・社会科学の知は，人間社会において「平和な暮らし」を支えるものは，何らかの明示的な統治のしくみ（王権，法の支配）や社会的な道徳・規範であると論じてきた。17世紀の政治哲学者ホッブズ（Thomas Hobbes）が，『リヴァイアサン』の中で展開した議論はその典型である。周知のように，ホッブズは，能力に決定的な差のない個人同士が互いに自然権を自由に行使する（"角突き合わせる"）結果として「万人の万人に対する闘争」が生まれ，この混乱を避け共生・平和・正義を達成するためには，「人間が天賦の権利として持ちうる自然権を国家に全部譲渡するべきである」と論じた。そして，社会契約論の立場から，それまでの王権神授説に代わる，絶対王政を合理化する理論を構築した。ホッブズ以降，今日に至るまで，あまたの政治・法哲学者たちが人間社会におけるさまざまな統治のかたちやそのデザインについて考究している。こうした知的蓄積は，法の運用や行政のしくみなど，現代に生きる私たちが社会を設計するうえでのさまざまな指針を与えてくれる。その一方で，上述のドゥ・ヴァールの論述に見られるような生物学の新たな知見は，過去30年ほどの間に，人文学・社会科学の知に次々と大きな見直しを要求している。法や行政機構といった明示的な統治のしくみや，社会契約あるいは規範・道徳がない「はず」の動物たちの

世界で、いったいどのようにして「共同体の維持」が可能になっているのだろうか。この根本的な問いかけは、ヒトと人間をつなぐものは何だろうかという巨大な問いの最中心の要素として、今日、数多くの先端的研究者を惹きつけている。

第6巻では、このように「共同体の維持」に関わる問題を、生物学者と社会科学者が交差するかたちで考える。そうした共同作業の出発点として、まず霊長類の脳進化に関する重要な基礎知見を共有しておきたい。

2. 霊長類の脳進化と群れサイズ

霊長類学者のダンバー（Robin Dunbar）は、進化生物学的な観点から霊長類（サル・類人猿）のさまざまな種における大脳新皮質の大きさを調べ、図序-1に示すような極めて興味深い関係を見出した。図序-1の横軸は、新皮質容量のそれ以外に対する相対的な大きさを、縦軸は、その種で観察される群れの平均サイズ（個体数の常用対数）を示している。大脳新皮質の大きさと群れサイズの間には、直線的な関係が見て取れる。

この相関関係はいったい何を意味するのだろうか。

周知のように、大脳新皮質とは、ヒトでは、知覚、認知、判断、言語、思考、計画などのいわゆる高次精神活動が営まれている部位である。ここで注意すべきは、こうした知的活動を担う脳という器官を維持するには、非常に高いランニングコストがかかるという点だ。たとえば、ヒト成人では、脳の重さは体全体の5％程度しかないのに対して、脳の代謝するエネルギーは全体の20％に上る。このような高コストにもかかわらず、ヒトを含む類人猿が大きな脳を進化的に獲得・維持してきたという事実の理由は、当然、コストに見合うだけの重要な適応課題があったからに違いない。

単独での生活と比べ、同じくらいの知性の持ち主が相互作用する群れ環境では（これはまさにホッブズのいう「能力に決定的な差のない個人同士が互いに"角突き合わせる"環境」である）、他個体の動向に常に注意を払い、駆け引き、競争、協力などの複雑な社会的課題をこなすことのできる高次の情報処理能力が要求される。ダンバーは、図序-1に見られる相関から、群れサイズの増大に

序　章　「社会の決まりはどのように決まるか」という問い

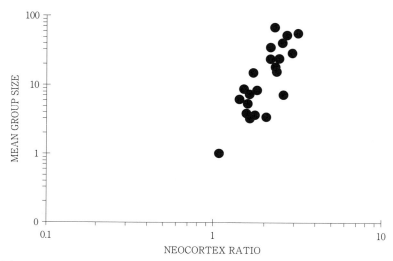

図序-1　霊長類のさまざまな種における大脳新皮質の大きさと群れサイズの関係（Dunbar, 1996）　横軸は新皮質比（新皮質容量／新皮質以外容量）を，縦軸は平均的な群れサイズ（常用対数変換）を示している。

伴い高次情報処理の必要性が飛躍的に増大したことこそが霊長類の脳進化をもたらしたという，「社会脳仮説」(social brain hypothesis) を提唱した。また，図序-1に見出された関係から，ダンバーは人間にとっての本来の社会集団（群れ）の大きさは，だいたい150人くらいだろうと推論している。150人という数字は，現代の都市人口を考えるといかにも少ないように見えるが，伝統的な部族社会における氏族（クラン）など，儀礼的に重要な意味をもつ集団のサイズは150人前後だと言われる。また，現代社会においても認知的なまとまりをもつ集団，あるいは，1人の行動が集団全体の遂行と直接的に関連する集団（有意味な相互依存関係のある集団）の大きさはやはり150人前後だとダンバーは主張する。

　150人という人数がヒトにとっての本来の群れサイズかどうかという問題はとりあえず措くとしても，ヒトを含む霊長類にとってのもっとも重要な適応環境が，集団という生活形式そのものにあることは明らかだろう。群れるという生存形式をヒト祖先が選んだ瞬間から，人間は相互依存関係に伴うさまざまな

正・負の側面を適切に処理しなければならないという運命を引き受けた。「人間の最大の味方は人間であるが，最大の敵も人間である」という言葉は，この意味で極めて納得のできる言葉である。

3. コーディネーション問題と秩序問題

　それでは，こうした社会的共存を実現するうえで，解かなければならない生存のための問題（適応課題）とはいったい何だろうか？　以下で説明するように，第6巻では，群れ生活がうまく行くためには，大きく分けて，「コーディネーション（coordination）問題」，「秩序（order）問題」という2つの問題群が解かれねばならないことを論じる。

　生物学の教科書を紐解けばすぐに分かるように，動物の世界においては，群れる生き方だけが唯一の生き方ではない。群れを作らずに単独生活をする動物種も数多く存在する。群れか単独かという，もっとも基本的な生存様式にヴァリエーションがあるということは，それぞれの様式が生き残るための戦略であり，どちらかが他方より一意的に優れているのではないこと，それぞれの生存戦略にコストとベネフィットがあることを意味している。それでは，群れ生活におけるコスト，ベネフィットとは何だろうか。言い換えると，いったいどのようにすれば単独生活では得られない群れ生活の利点，経済学の言葉を使うならば「規模の経済」（economy of scale）を実現することができるのだろうか。

●コーディネーション問題

　このことを考えるため，野生環境でのサバイバルの1つの鍵となる，捕食回避という課題を取り上げてみよう。たとえば，私たちが未知の大自然の只中で野営をしているとする。猛獣やヘビなどの捕食者，あるいは，他部族などの「敵」の襲来に備えて警戒することはサバイバルのための必須要件である。そうした「捕食リスク」を低減するうえで，多くの目が存在する群れでの生活は，単独生活よりも，基本的に有利であることは間違いない。しかし，捕食リスクの低減における群れ全体としての効率性は，メンバーの間でどのように警戒行動をデザインするかに大きく依存する。捕食リスクを小さくするためには，当

然のことながら，食われないように十分に用心しなければならない。しかし，全員が警戒行動に従事したら，今度は群れの生産活動が疎かになり，「餓死リスク」が大きくなる。捕食リスクと餓死リスクというトレードオフが存在する状況では，群れの何人が（あるいは誰が）どちらの作業に携わるのか，また捕食回避活動を行うメンバーの間で誰がいつどこを監視するのかといった，社会的分業を含む，群れ構造の適切なデザインが必要となる。

こうした群れのデザインに関わる問題，すなわち，個々のメンバーのさまざまなインプットを集団としての優れたアウトプットにつなげるために，それぞれの行動をどのように相互調整するのかという問題を，コーディネーション問題と呼ぶ。コーディネーション問題は，群れ生活を営むあらゆる動物種が共通して直面する問題であり，捕食リスクの低減に限らず，食料やシェルターなどの生存資源の探査と獲得，生存資源の生産など，サバイバルに関わるあらゆる課題を処理する上で解かれねばならない問題群を構成している。

第5章で見るように，アリやハチといった社会性昆虫のコロニーは，群れ全体として個体の行動を相互に調整するための仕組みを進化的に獲得している。また，第6章で見るように，人間社会においても，各人のさまざまなインプットを組織全体としてうまく調整するための仕組みをどうデザインするのかという問題は，経営学や組織科学における根本的なテーマとなっている。

●秩序問題

それでは，もう1つの秩序問題とは何だろうか。

再び，上述の捕食者警戒場面を例に考えてみよう。すべての動物は，有限の時間・エネルギーを，「食う」ための努力と，「食われない」ための努力に分けなければならないというトレードオフ下に置かれていることは既に述べた。もし単独生活をする種であれば，このトレードオフは，基本的に，個体の中で閉じた問題である。各個体は，有限の時間・エネルギーを，2つの努力間で，生存にとって最適のかたちで配分すれば良い。

しかし，群れ生活をする動物たちにとっては，このトレードオフは，個体の中での最適化問題としてだけではなく，個体の間でのトレードオフ問題としても立ち現れる。もし他の個体が十分に捕食者警戒をしているならば，捕食リス

クがある程度低減される以上，自分は「食う」ことに完全集中したほうが，自分の生存にとって得になる。言い換えると，社会性昆虫のように群れが血縁の個体から構成されている場合を除いて（その場合には，他個体は自分のクローンなので自他間の利益相反は生じない），ヒトを含む多くの哺乳類の群れにおいては，このトレードオフ関係が，個体内，個体間の二重のかたちで存在する（Toyokawa, Kim, & Kameda, 2014）。こうした個体間での利益相反をどのように乗り越えて集団での協力を実現するか，他者の行動にただ乗りするフリーライダーの蔓延をブロックするための仕組みをどのように設計するのかという問題が，秩序問題である（盛山・海野，1991；山岸，2000）。

　ホッブズは，そうした利益相反の状況で，「能力に決定的な差のない個人同士が互いに自然権を自由に行使する」こと，つまり各個人が勝手に振る舞うことは，秩序のない競争状態（「万人の万人に対する闘争」）を生み出すと考えた。この無秩序状態を避け，安定した社会状態を実現するための手段としてホッブズが必要だと考えたのは，強力な中央集権の仕組みであった。つまり，ホッブズは秩序問題への回答として，社会の中で共存するためには，絶対王政という仕組みがヒトにとって合理的であると論じたわけである。秩序問題は，それゆえに「ホッブズ問題」という言葉でも呼ばれている（第1-4章を参照）。

4. 本巻の構成

　このように見ると，共同体を維持する，あるいは，社会としての「規模の経済」を実現するためには，コーディネーション問題，秩序問題という2つの問題群が解かれねばならないことが分かる。2つの問題群は，一方の解決が他方の解決に影響するといったかたちで密接に関係しながら，「より良い社会」の構築，具体的には，人々の間にいかにして効率的で安定した均衡状態（より良い秩序）を生み出すのかに向けて，私たちが真剣に向かい合わければならない根本的な問題とは何かを指し示している。

　本巻では，「平和な暮らしの実現」，「共同体の維持」に関わる問題を，生物学者と社会科学者が交差するかたちで考えていく。

　まず，第1章「協力の進化——人間社会の制度を進化生物学からみて」（巌

序　章　「社会の決まりはどのように決まるか」という問い

佐庸）では，ヒトが，制度（institution），すなわち，「個人が利益を追求するときに，社会全体としての不利益をもたらさないように仕向けるためのメカニズム」をどのように生み出し，社会的動物として高いレベルの協力を維持する機構を成立させてきたのかについて，進化生物学の観点からの理論的検討が行われる。ヒトが互いの評判を共有することによって協力を維持する機構がどのような形で進化し得るのかについての解析，集団でルールへの違反者に対してどのようなかたちで処罰（サンクション）が下されると集団としての秩序が維持できるのかに関する数理モデル，および，湖水の水質改善問題を生態系と人々の選択の結合ダイナミックスとして捉える理論的アプローチなどが紹介される。

　第2章「集団における協力の構造と協力維持のためのルールについて――進化シミュレーションと聞取調査を例に」（中丸麻由子・小池心平）では，同じく，進化生物学の観点から，集団における協力の問題を検討する。日本社会には，無尽や頼母子講と呼ばれる金融の仕組みが存在する。複数の個人が「講」と呼ばれる組織に加盟して，一定の期間，金品をその組織に繰り返して払い込み，競りや抽選によって加盟メンバーが金品の給付を受ける仕組みである。こうした仕組みは，集団全体が1人のメンバーにお金を貸し付けることで，そのメンバーの生活や起業を助ける互助的な組織であり，同様の組織はさまざまな文化で広く見られることが知られている。第2章では，こうした相互扶助組織がどのような条件の下で存続し得るのかについて，進化シミュレーションを用いた理論的検討と，佐渡島での頼母子講についての聞き取り調査が紹介される。

　第3章「規範はどのように実効化されるのか――実験的検討」（高橋伸幸・稲葉美里）では，社会規範を支える仕組みとして，賞罰（サンクション）についての検討が行われる。先に述べたように，社会規範は「～すべし」，「～すべからず」という信念として，私たちの行動に大きな影響を与える。しかし，そうした「信念」が，それを「実効化」する何らかのメカニズムに全く支えられていないとしたら，規範はただの「お題目」としてほとんど何の効力も持たないはずである（「地球に優しい」というスローガンがそうなりがちであるように）。第3章では，こうした規範の実効化のために最もよく用いられる方法として，「賞罰（サンクション）」に注目し，これまでに提案されてきた代表的な賞罰のメカニズムについてレビューする。そのうえで，ヒト成人を対象とする実験デ

ータを中心に，さまざまな賞罰のメカニズムの実効性，すなわち，相互協力維持に賞罰のメカニズムがどのような効果をもたらすのかについて議論する。

　第4章「間接互恵性状況での人間行動」(真島理恵)では，大規模社会での協力を支える重要な原理である「間接互恵性 (indirect reciprocity)」に焦点を当てる。第1章から第3章を通じて詳しく論じられるように，「AがBに協力し，BがAに協力を返す」といった特定の二者間での閉じたやり取りである「直接互恵性 (direct reciprocity)」の仕組みは，大規模な集団における協力を実現・維持するためのメカニズムとしては，極めて不十分である（ヒト社会における進化的な集団サイズは150名ほどと推定されるが，現代の東京の人口は1000万人を優に超えている）。都市生活を含む，ヒトの進化的な大成功を生み出してきた「規模の経済」を実現するためには，直接的なやり取りを前提としない仕組み（AがBに協力しても，その見返りは，BからAに直接に返るだけではなく，時間的・空間的に「回り回って」ほかの人からもAに返るメカニズム）がどうしても必須となる。こうした「間接互恵性」がどのように成立し得るのかという問題は，現在，個別分野を超えた学際的なホットトピックになっているが，本章では，実験室実験を用いた実証データから間接互恵性の理論の検証を行うとともに，社会科学における理論研究と実証研究の相互構築的な意義について議論する。

　第5章「人間と動物の集団意思決定」(豊川航)では，人々の間での行為を相互調整するメカニズムとして，集団での意思決定に焦点を当てる。人間は様々な局面において集団意思決定を行う。またインターネットの発達により，個々人の意思決定においてさえも社会的な影響が無視できなくなってきている。興味深いことに，近年の生物学の研究では，こうした集団意思決定のメカニズムは，ヒト特有のものではなく，ハチやアリといった社会性昆虫，鳥類，魚類，哺乳類にわたる広範な生物種において，その原初的（あるいは発展的）な形態が認められることが次々と明らかにされている。第5章では，個体単位のマイクロな意思決定と群れ・集団単位のマクロな意思決定との相互作用を「情報伝達」という観点で捉えることで，ヒトを含む様々な社会性動物における集団行動が統一的に理解可能になるという見通しのもと，これまで社会科学を中心に得られてきた人間の集団意思決定に関する知見と，動物行動学で研究されてきた社会性動物の知見を紹介する。そして，その2つが連続的な枠組みの中でい

かに統合されうるかを議論する。

　第6章「集団の生産性とただ乗り問題——『生産と寄生のジレンマ』からの再考」（亀田達也・金惠璘）では，ハチやアリなどの社会性昆虫と並んで，群れで生きることにより進化的な大成功を収めてきたヒトにおいて，どのように群れ生活の便益，すなわち，単独の個体では成し遂げられない集団レベルの便益を実現できるのかという問いに焦点を当てる。この問題についてのこれまでの社会科学的検討では，「社会的ジレンマ」(social dilemma) をモデルケースとして用い，理論的・実証的な検討を行うことがほとんどだった。本章では生態学的な観点から，この仮定そのものの妥当性を再考し，「社会的ジレンマ＝集団内協力問題」という基本図式の見直しを図る。この見直しのもと，第6章では，「秩序問題」と「コーディネーション問題」が理論的に密接に関係したかたちで，さまざまな生物種における集団生産性を規定していることを理論的に分析し，その含意をヒト成人を対象とする実験により探る。

　インターネットを含むさまざまな情報技術の爆発的進展は，私たちの間のコミュニケーション距離を小さくするとともに，1人の行為が他者の福利にプラス・マイナスの両面で影響する程度を飛躍的に拡大している。進化時間，歴史時間，実時間を通じて，こうした高い相互依存関係を作るに至ったヒトおよび人の間で，「平和な暮らし」をどのように実現するのかという問いは，根源的であると同時に，極めて切迫した今日的課題を私たちに突きつけている。人文学・社会科学，自然科学といった，伝統的な学問領域の壁を超えて，この問いに一丸となってチャレンジすることは，まさに喫緊の学問的課題と言えるだろう。

参考文献

de Waal, F.B.M. (1989). *Peacemaking among primates*. Harvard University Press.（フランス・ドゥ・ヴァール　西田利貞・榎本知郎（訳）(1993). 仲直り戦術：霊長類は平和な暮らしをどのように実現しているか　どうぶつ社）

Dunbar, R.I.M. (1996). *Grooming, Gossip, and the Evolution of Language*. Harvard University Press.（ロビン　ダンバー　松浦俊輔・服部清美（訳）(1998). 言葉の起源：猿の毛づ

くろい，人のゴシップ　青土社）
盛山和夫・海野道朗（編）(1991). 秩序問題と社会的ジレンマ　ハーベスト社.
Toyokawa, W., Hye-rin, K., & Kameda, T. (2014). Human collective intelligence under dual exploration-exploitation dilemmas. *PLoS ONE*, **9**(**4**): e95789. doi:10.1371/journal.pone.0095789
山岸俊男（2000）．社会的ジレンマ：「環境破壊」から「いじめ」まで　PHP研究所

第1章 協力の進化
——人間社会の制度を進化生物学からみて

1. はじめに

　人間社会のさまざまな制度は，個人が利益を追求するときに，社会全体としての不利益をもたらさないように仕向けるためのメカニズムと考えることができる。本章では，人間が社会的動物として高いレベルの協力を維持する機構を進化させてきたとの観点にたって，進化生物学の視点から協力の進化を論じる数理的研究を紹介する。まず，人々が互いの評判を共有することによって協力を維持する機構（間接互恵），次に適応的な挙動に切り替えようとするダイナミックスが示す非線形的挙動，さらに自然資源の持続的利用の文脈で重要とされる累進的処罰，などの話題をとりあげる。

2. ヒト以外の動物での協力

　生物の挙動を見ていると，いかにもよくできている，経済的に振る舞っている，という風に，合理性をみてとることができる。そのように生物が適応的な行動をとると考えられる理由は，長い進化の間に選び抜かれて残ったことにある。うまく生き残り，配偶相手を獲得し，子供を育てられたタイプのものが，そうでないタイプを押しのけて広がってきた。とすれば，現在みられる生物は，生涯に残せる子供の数を最大にできる行動をとるはずと期待できる。生物の行動や形態，生理の適応の尺度として生涯繁殖成功度への効果を考えるが，それはしばしば「適応度」と呼ばれる。

　ところで，ヒト以外の動物でも，他個体を助けるために自ら労力をかけたりリスクを冒すことがある。分かりやすい例として，鳥の見張り行動を考えてみよう。脇目もふらずに餌を食べていると，捕食者に気づかず襲われる危険が高

くなる。そこで巣の仲間が懸命に餌を食べているときに，自分は食べずに高い場所にとまって捕食者を見張る個体がいる。その鳥は捕食者が近づくと警戒声という叫び声を挙げ，それを聞いた他の個体は急いで巣に逃げ帰る。警戒声を上げた個体は，自分が見張っている間，餌が食べられない。このように，自分が損をしたりリスクを冒したりしてでも他人を助ける自己犠牲的行為を，動物行動学では利他行動という。ここで相手に「役立つ」ことや自ら「コストを払う」ことは，適応度，つまり残せる子供の期待数に対する影響を考えて測ることができる。つまり，利他行動とは，自らの適応度を減らして，相手の適応度を改善する行為である。先の見張り行動の場合，見張りをする個体は餌を食べずに他個体を見守っているので，それはコストになるが，見張りをしてもらっている個体は，捕食者のことに気を取られずに餌を食べられて効率が良いので，利益を受ける。

　もっと分かりやすい利他行動の例としては，ミツバチなどの社会性昆虫がある。働き蜂は自分では産卵をせずに，巣を防衛し餌を運んで，女王蜂の産んだ子を育てる。平均的に残せる子供の数が適応度なのだから子を産まない働き蜂の適応度はゼロである。この行動が進化しているのは自然淘汰に反するように思える。

　ミツバチの働き蜂は女王の娘である。働き蜂にとって女王蜂は母親なので，母親から先に生まれた姉が独立せずに母親の巣に留まり，妹を育てるのを手伝っていることになる。妹の蜂には，姉の遺伝子がある確率で共有されている。その結果，妹がうまく育ってその子孫が広がると，姉が自ら産んだ娘を育てることと同じように，その行動をとらせる遺伝子が広がる。先の，見張り行動も野外で調査をすると，血縁の高い個体を保護するために見張りを行っている場合が多い。一般に，遺伝的に近い，つまり血縁のある個体を助ける行動は，たとえ本人がコストを払っても共有する遺伝子が残るので進化しやすい。このことは，W.D.ハミルトンが証明し，血縁淘汰と呼ばれる（Hamilton, 1964）。人間以外の動物の社会にも先に述べたような利他行動がみられるが，多くの場合には血縁のある個体間でしかおきない。

　動物行動学の教科書には，血縁のない個体の間で利他行動が進化するメカニズムとして，互恵的利他主義もしくは直接互恵を説明している（Trivers, 1971）。

それは他個体を助けることには本人がコストを支払わねばならないが，同じ2個体の間で相互作用が繰り返し行われるとすれば，あとで返してもらえるので，利他行動は進化できるというものだ。しかし，ヒト以外の動物の行動において全く血縁がない個体の間ではっきりした自己犠牲をもたらす例は多くない。

3. 評判によって協力を維持する

●間接互恵の基本モデル

人間社会においては，血縁のない個体の間でも，互いに助け合う利他行動が幅広くみられる。しかも決まった個体とだけ助けあうわけではなく，見ず知らずの人にも親切にする。これをもたらすメカニズムとして，「間接互恵」がある（Nowak & Sigmund, 1998a, 1998b, 2005）。それを図1-1で説明してみよう。

集団には多数のプレイヤーがいて，互いに相互作用をしているとする。プレイヤーは出会った相手が困っているときに，「助ける」か「助けない」かのどちらかを選ぶ。助けられた人は利益を得て適応度が「$+b$」だけ改善されるが，

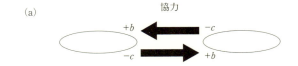

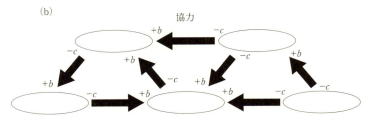

図1-1 助け合う図 矢印はある人が別の人を助けることを示し，助けを受ける人は$+b$の利得を受けるが，助けた人は$-c$のコストを支払う。(a) 決まった2名が互いに繰り返し助け合うもので，互恵的利他主義もしくは直接互恵という。(b) 助けた人に対して，別の人が助けてくれるというもので，間接互恵である。

逆に相手を助けた本人はコストを支払うので，適応度が「$-c$」だけ減少する。後になって，今回助けた個体が困る状況が生じると，互恵的利他主義では以前に助けてくれた後者が助け返す。間接互恵ではそれとは違って，助けた人が将来に困ったときには，別の第3の人が助けてくれる。その第3の人が困った状況では，また別の第4の人に助けられる。

　この間接互恵において問題になるのは，助けられるばかりで助け返さないタイプの行動をとる「社会的寄生者」が現れることだ。助けることのコストを払わずに助けられることによる利益だけを受けるのでその適応度は高くなり，生物なら多数の子供を残し，企業や人であれば高い業績を挙げて他の企業や人がそのやり方をまねるようになる。その結果，最初は互いによく協力していた集団の中で社会的寄生者が広がり，最終的には誰も協力しないようになってしまう。

　だから協力が維持されるためには，「助けを返さないプレイヤー」を特定し，その人には協力をしないようにする必要がある。そのために評判のような社会的情報を用いることを考えてみよう。

●人は相手の評判に応じて協力する

　ノヴァックとジグムントは進化ゲーム理論にもとづいて数理的に間接互恵を扱った（Nowak & Sigmund, 1998b）。前回協力したプレイヤーには「良い」，協力しなかった人には「悪い」という評判がつき，この評判は皆が知っている。この状況では，相手が「良い」ならば協力し「悪い」ならば協力しないという風に，相手の評判に応じて協力するかどうかを選ぶプレイヤーが有利になって，その行動が増え，いつも非協力の社会的寄生者は消えてしまう。

　人間を使ってこのことを実証した実験がある。ウェデキントとミリンスキーという生物学者が，スイスの大学生を対象に行ったものである（Wedekind & Milinski, 2000）。1スイスフランは約100円として説明しよう。プレイヤーが対戦相手に100円を渡すと，それが4倍になって相手は400円を受け取れる。もし両方が協力すれば両者とも300円の得になる。しかしもっと有利なのは，受け取るが自分からは出さないことである。これなら400円の得になる。実験設定では，相手に協力してもしなくても他の人には自分の実名も顔も絶対に明か

されない仕組みになっている。この状況では，だれも協力しないはずと思える。ところが実験ではかなり多くの人が相手に協力した。

この対戦の際に，相手が過去に他の人に何回協力し，何回非協力だったかという情報が与えられた。すると，相手が以前に他の人によく協力していれば自分も協力するが，以前に他の人にほとんど協力しなかった人だと自分も協力しない，という行動が広く見られた。つまりノヴァックとジグムントが考えたような，相手の「良さ」を識別して自分が協力するかどうかを変えるという戦略を，人々は実際に採用しているようだ。

●協力を実現できる規範をしらみつぶしに探す

さてここで，私達が行った研究を紹介しよう（Ohtsuki & Iwasa, 2004, 2006）。まず，それぞれのプレイヤーの行為をもとに「良い」「悪い」の評判を割り当てるやり方について考える。その評判は，制裁や処罰を通じて最終的にプレイヤーの適応度に影響を与える。評判をつけるルールは，社会の第三者の目から各人の行為の善し悪しを評価するものなので，規範もしくは「社会規範」と呼ぶことにする。規範というと，「○○をすべきだ」というふうに行為を指定してそれを行うように強制するものとも考えられる。しかし上記の「規範」では，具体的行為までは指定していない。そのラベルの張り方のもとでは，ある行為が他のものに比べて本人に有利になるとすれば，結果としてその行為をするように強制していることになろう。

評判のつけ方をうまく工夫すれば，その集団の中では協力的な行動が結局は有利になり，最終的に協力レベルが高く維持できるかもしれない。果たしてそのようなことは可能だろうか。もし可能だとするとどのような規範があれば集団での協力が実現できるのか。そのとき，人々はどのような行動をとることが有利なのか。このような問いに答えるために，さまざまな評判の割り当て方のすべてについて計算してみた。

集団の中では多数のプレイヤーがいて，ランダムに出会い，その相手に協力（cooperate, C）か非協力（defect, D）かを選ぶ。相手が自分に協力してくれると利得 b だけ適応度が改善され，自分が相手に協力するとコスト c だけ下がる。b は c よりも大きいので，両方が協力した方が両者とも非協力より望ましい。

第1章　協力の進化

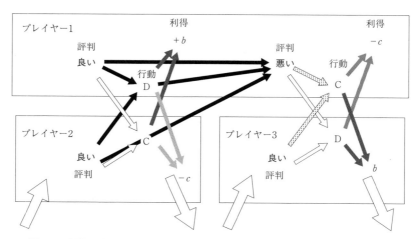

図 1-2　間接互恵モデルの説明　説明は本文を参照。(Ohtsuki & Iwasa, 2006)

相手だけが協力してくれて自分はしないというのがさらに有利になる。

　協力をするかどうかは本人の行動戦略によって決まるとする。いつも相手に協力するという戦略や，いつも非協力という戦略もある。相手が評判のよい人だったら協力するけれども悪かったらしないというふうに相手の評判によって手を変える戦略や，自分が評判を落としたときだけ協力するというふうに，自分の評判によって行動を変える戦略もある。自分の評判と相手の評判の組み合わせは $2 \times 2 = 4$ 通りで，これらのそれぞれの場合に協力か非協力かを決めるやり方は $2^4 = 16$ 通りある。これらの行動戦略が互いに競争する。

　どんな状況を考えているかを図 1-2 の例を用いて説明しよう。横軸は時間である。最初にプレイヤー 1 がプレイヤー 2 と出会う。両方とも評判は「良い」である。それぞれ行動戦略をもっており，プレイヤー 1 は自分の行動戦略に従って非協力（D）を選び，相手は協力（C）を選ぶ。それらの行為に応じて得点を受ける。プレイヤー 1 は相手が協力してくれたので「$+b$」，プレイヤー 2 は自分だけ協力して相手は非協力だったので「$-c$」。次にプレイヤー 1 はプレイヤー 3 に出会う。プレイヤー 3 の評判は「良い」であった。一方，プレイヤー 1 の評判は前回は「良い」であったが今回は「悪い」に変わる。前回の相手は「良い」プレイヤーであったが，その相手に対してプレイヤー 1 は非協力

(D) をした。良い相手を裏切るのはけしからん，という判断がなされたのでその評判が「悪い」に落ちたと解釈できよう。このように本人の行動や相手の評判，そして現在の本人の評判に応じて次回の評判が決まる。その決め方が規範である。

そのあとは行動戦略に従って協力か非協力かが決まり，プレイヤーの受ける得点が決まる。相手を毎回変更して平均数回程度，対戦を行い，その得点に応じてその行動がまねされたり子供が産まれたりする。これを繰り返して行動戦略の広がりや消長を追跡する。

● **協力を実現するラベルの張り方——リーディングエイト**

ある規範，つまり評判の付け方のルールが採用されている集団で，協力的な行動戦略が自動的に広がり，非協力の行動が消滅して社会は全体として互いに協力できるようになる，といったことは可能だろうか。この問いの答えはイエスである。

本人の行為には協力と非協力があり，そのときの相手の評判と本人の評判により4つの組み合わせがあるので，掛けあわせると8つの状況がある。その1つ1つに対して，「良い」または「悪い」の評判を与えるのだから，$2^8 = 256$ 通りの評判の付け方がある。それぞれについて，その規範が採用されているときに，16個の行動戦略が競争を行うことを考える。戦略の1つが全体を占めている集団で，他の15の戦略のいずれもが，少数で侵入したときには敗退して消えてしまうとすると，元の行動戦略は安定に維持されたと考えることができる。そのような性質をもつものを探したところ，全部で4096通りの中でうまくいく規範は8通りしかないことが分かった。この8通りの規範を使えば，幅広い条件のもとで安定して協力が維持できる。さらには協力するつもりだったけれどもたまたまできなかったとか，他人の評価が間違ってなされるといった誤りが小さな確率で生じるとしても，ほぼ100%の協力が維持されることが示せる。このすぐれた8つの規範に「リーディングエイト」という名前をつけた (Ohtsuki & Iwasa, 2004, 2006)。

リーディングエイトを図1-3に示した。上の表が規範である。左例にある記号は行為を表し，Cは「協力」Dは「非協力」である。上には相手の評判と本

第1章　協力の進化

本人が良い		
行為＼相手が	良い	悪い
C	良い	＊
D	悪い	良い

本人が悪い		
行為＼相手が	良い	悪い
C	良い	＊
D	悪い	＊

最適行為：

C	D

C	＊＊

図 1-3　リーディングエイト　協力を高く維持させることができる規範（ラベルの張り方）。左にあるのが本人の行為（協力C／非協力D），上が本人の評判（良い／悪い）および相手の評判（良い／悪い）であり，それぞれの状況により次回に本人の評判を8つのマスにあるように「良い」か「悪い」のラベルを張るやり方を示す。記入された文字は，社会の協力を安定に維持させることができる規範に共通するもの。アステリスク（＊）は良いでも悪いでもいずれでもよい。下にあるのは，それぞれの状況での最適行為を示す。（Iwasa & Ohtsuki, 2004; 2006）

人の評判により4つの組み合わせがある。図1-3の表には「良い」または「悪い」が書き込まれたところがあるが，これらはラベルの張り方で優れた8つの規範に共通したものである。図1-3の下部にはこのような規範が実行されている社会で，各個人にとって最も有利な行動戦略が書いてある。

うまく協力を維持させる規範，すなわちリーディングエイトには共通する面がある。まず第1に，良い人に協力したら本人も「良い」になれるが，良い人に非協力だと「悪い」になる。それは図1-3の表において相手の評判が「良い」の列をみると，本人の行為がCだと「良い」，Dだと「悪い」と書かれていることに対応する。このため，良い評判を維持するために，コストがかかっても協力することが有利になる。第2に，本人が「良い」で相手が「悪い」の時は協力をしてはいけない。というのも，そもそも間接互恵の仕組みは社会的寄生者を排除することを目的に作られているからだ。

図1-3において，＊印のついている3箇所は「良い」でも「悪い」でもいずれでもよい。その結果，協力を維持することができる規範は，全部で2^3で8通りとなる。

3. 評判によって協力を維持する

(a) カンドリ規範

行為＼相手が	良い	悪い
C	良い	悪い
D	悪い	良い

(b) ザグデン規範

行為＼相手が	良い	悪い
C	良い	良い
D	悪い	良い

図 1-4　カンドリ規範とザグデン規範　社会に高い協力レベルを維持させることができる規範のうち，本人の行為と相手の評判だけで決まる 2 次アセスメント規範には，これらの 2 つがある．(a) 左図はカンドリ規範で，悪い相手に協力すると裏切り者と見なされるもの．(b) 右図はザグデン規範で，その場合にも良いとされるもの．いずれも協力的な社会を安定に維持できるが，カンドリ規範の方がより厳しい対応をする．

● 規範の多様性と普遍性

　規範というのは，ここではあるプレイヤーに「良い」「悪い」といったラベル（評判）を張るやり方のことである．先に紹介した研究は，そのラベルが一般には「本人の行為（CかDか）」と「相手の評判（良いか悪いか）」，それに「本人の評判」によって決まるものの中で網羅的に探索した結果であった．これら 3 つの条件に依存して次の評判を決めるやり方を 3 次のアセスメントというが，リーディングエイトは 3 次のアセスメントを考慮してうまくいく規範を探した結果である．

　この 8 つの中に，本人の評判にはよらないという 2 次のアセスメントの規範が 2 つ含まれている．つまりラベルが「本人の行為（CかDか）」と「相手の評判（良いか悪いか）」だけによって決まるとするものである（図 1-4）．

　2 次アセスメントには，良い相手に対してCを行為するプレイヤーは良い，良い相手に対してDを行為したプレイヤーは悪いとなること，それから悪い相手にDを行った本人は良いとなること，の 3 つについては決まっている．残りの 1 つ，悪い相手に協力したプレイヤーを良いと見なすか悪いと見なすかということによって，2 つの可能性が残されている．これらはいずれも安定な協力的社会を維持することができる．その 1 つは，カンドリ規範と呼ぶもので（Stern judging と呼ぶ研究者もいる），その規範では，悪いとされた相手に協力するプレイヤーは裏切り者と見なされ，次回に「悪い」とされる（図 1-4a）．神取道宏博士により以前に研究されていたものに対応するため，この名前がつい

ている（Kandori, 1992）。もう一つは，ザグデン規範と言われるもので，悪いとされた相手に自らも協力しても，それは良いとされる規範である（図1-4b）。カンドリ規範に比べてより緩やかな規範といってよいだろう。ザグデン規範を単純スタンデイングとも呼ぶ。

ここで規範といっているのは，「良い」と「悪い」の簡単な情報によって，構成員を互いに協力せざるを得ない状況に追い込むためのものである。その効果は強力で，血縁がなくても高い協力を安定に維持することができる。そして，それを達成できる規範は，可能なものの中でごく少数のものしかない。この結果から，うまく機能できる規範には普遍性があるとも言える。異なる文明が独立に発達していたとしても，もし各個体を社会的な情報で「良い」「悪い」というラベルを張って評価し，そのことによって互いに協力するように縛り合っているのであれば，そこには同じような道徳性が進化しているはずである。

4. さまざまな発展

プレイヤーが互いに評価をし合うことによって，協力の可能性が高まるという間接互恵は，上記の基本モデルの発展としてさまざまな試みがなされている。そのいくつかを取り上げよう。

●処罰を使うべきか

プレイヤーは相手を助ける協力（C）と何もしない非協力（D）のいずれかをとることになっていた。自らにとってコストがかかる協力を互いに行なうことがどうすれば可能かが課題である。今回裏切ると短期的にはコストを避けられるものの，評判が低下し，次回に他のプレイヤーから協力が得られなくなるため協力するというのが間接互恵の論理である。しかし悪い相手には，単に協力を与えないだけでなく，積極的に相手の得点を$-\beta$だけ低下させるような処罰行為を行うことも考えられる。このとき処罰をする本人にもコストがかかり，得点が$-\alpha$だけ低下する。このように相手も自分も利得が低下するようなことは何もなければ生じるはずがない。しかし「評判」が関われば可能になる（Ohtsuki et al., 2009）。本人の行為としては以前のCとDとだけでなく，CとD

4. さまざまな発展

	(a) 処罰を用いない規範	
	相手の評判	
	良い	悪い
C	良い	悪い
D	悪い	良い
P	悪い	悪い

最適行動： | C | D |

	(b) 処罰を用いる規範	
	相手の評判	
	良い	悪い
C	良い	悪い
D	悪い	悪い
P	悪い	良い

最適行動： | C | P |

図1-5 協力を維持させることができる規範2つ これらは同じパラメータセットのもとで，ともに協力を安定に維持できる規範である。(a) 良い相手には協力（C）し，悪い相手には非協力（D）をするように仕向ける規範。処罰（P）は用いることができても，それを使用しない方が有利になる。(b) 良い相手には協力（C）し，悪い相手には処罰（P）をするように仕向ける規範。これらはともに高いレベルの協力を維持させることができるが，平均利得は前者の方が高い（Ohtsuki et al., 2009）。

とに加えて処罰（P）もとりうるとして，以前と同様な計算をすることができる。簡単のためにここでは2次のアセスメントだけを考えてみる。つまり規範は本人の行為（C，D，P）と相手の評判（良い，悪い）に応じて次回の評判を決めるルールである。

図1-5aにある規範では，前節までと同じように，悪い相手に出会ったときには，自らは非協力（D）をとるのが望ましい。つまり良い相手には協力（C），悪い相手には非協力（D）ということで，これは前節までの議論と全く同じである。

ところが，図1-5bにある規範では，悪い相手に出会えばはっきりとコストのかかる行為「処罰P」をしてはじめて自らの良い評判が維持できる。相手に非協力だけでは，自ら支払うべきコストをさぼっている，と見なされるとも解釈できるだろう。運悪く「悪い」相手に出会ったときには，自らの評判を落としたくなければ処罰をせざるを得ない。その結果「悪い」プレイヤーは，相手が単に協力をしてもらえないというだけでなく，さらに利得が減らされることになるので，評判を維持することの必要性は強まりそうだ。これは前節までで議論したものよりも，社会の協力を導く力が増しているのではないかとも思える。

第1章 協力の進化

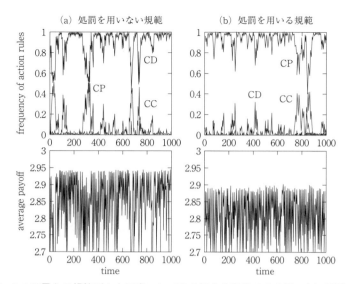

図1-6　2つの異なる規範がともに高いレベルの協力を維持できる例　(a) 処罰を用いないで協力を実現する規範，(b) 処罰を用いて協力を実現する規範。それぞれで，上図は有限集団でのシミュレーション，下図はそのときの集団の平均適応度を表す。期待したように，ともに良い相手には協力（C）する行動が占める。しかし悪い相手には，(a) では非協力（D）を行い，(b) では処罰（P）を行う行動が占める。その結果，集団の適応度は処罰を用いない方が高い。広いパラメータ範囲で，両方のタイプの規範がともに協力を維持させることができる（Ohtsuki et al.,2009）

　調べてみるとしばしば同じ状況において2つの異なる規範が，ともに協力を100%に維持できることがわかる。

　図1-5aにある規範を用いている場合には，最適の行動戦略は，良い相手には協力（C），悪い相手には非協力（D）を用いるというものである。つまり処罰が可能であっても使用しない。図1-6aはその規範を用いて行ったシミュレーションの結果であり，期待されるようにこのような行動がほぼ全体を占める（図にCDとある）。図1-5bにある規範を用いた場合のシミュレーションは図1-6bにあり，そこでは，良い相手に対しては協力（C）だが，悪い相手には処罰（P）を用いる行動戦略が占める（図にCPとある）。これら2つの規範は同じパラメータの幅広い範囲においていずれもが高いレベルの協力を維持させる

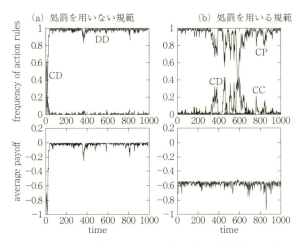

図 1-7　処罰を用いることで，誰にとっても不幸な協力が強制される例　$b<c$ であるため，協力をすることで社会全体の適応度が低下する。(a) 処罰を用いないで協力を維持させることはできない。(b) 処罰を用いるよう仕向ける規範により，協力が維持される。悪いというラベルを貼られた相手に出会った場合，相手に処罰（P）をしないと，自らの評判が落ちてしまい，次回に他人に処罰を受けるからである。(Ohtsuki et al., 2009)

ことができる。図 1-6a と 1-6b の下図をみると，そのとき達成される手段としての平均適応度は，処罰を用いない規範の場合（左図）の方が，処罰を用いる規範（右図）よりも高い。それは誤りの結果として悪い評判をもたらすような行為をするプレイヤーが低い確率で現れるが，それに対して処罰を用いるときに，相手も自分もコストを被るからである。このとき，集団の平均適応度は，処罰を用いない規範の方が高いことを証明することができる。

　もちろん，処罰を用いることによってはじめて協力が維持できるというパラメータ領域も存在する。しかしそれはそれほど広くはなく，両方ともが協力を維持可能な場合の方が圧倒的に広い。

　もう一つ，処罰を用いることの望ましくない側面がある。図 1-7 をみよう。ここでは $b<c$ であるため，協力をすることで全員の適応度が低下する。協力をしない場合の方が誰にとっても望ましいのである。処罰を用いないと協力を維持させることができない（図 1-7a）。ところがこのような状況でも，処罰を用いることによって，図 1-7b にあるように全員に協力をさせることができる。

その結果，集団の平均適応度は低下する。このときプレイヤーは協力しておかないと評判が落ちて自らが次回に処罰を受けることになるので，それを避けるために仕方なく相手を処罰することになる。その結果，互いに処罰を用いることで，誰にとっても望ましくない協力を維持させることができる。

全体として，悪い相手に対して協力を控えることによって，全員の協力を維持することが可能であれば，できることならば処罰を用いずに行った方が望ましいと結論した（Ohtsuki et al., 2009）。

● 2つの規範の対立——武士道と商人道

人間には，集団をすぐにつくって，内部の人とは協力しやすいが外部の人は敵とみなすという心理傾向がある。何でもない違いで人々をグループに分けた場合でも，同じグループに属すと感じた他人とは協力しやすい（内集団びいき）[1]。我々の中に身内集団原理をもたらす心理傾向がある。所属する国や民族，地域，文化，また身体的な違いによって，互いに憎み合い，ときに戦争にいたる基盤には，この所属集団への忠誠をもとにした心理があるといえる。この忠誠をもとにした倫理を身内集団原理とよぼう。

他方で，これとは異なる倫理もある。ジェーン・ジェイコブスは，所属集団への忠誠や縄張り防衛等を基本とする「統治の倫理」に対して，正直と見知らぬ他人とも共同できる能力や勤勉さを尊ぶ「市場の倫理」とがあり，後者は貿易において重要であるとした（Jacobs, 2002）。

松尾匡博士は，日本の歴史や社会をみてジェイコブスの2つの原理と似た2つの倫理があると結論した（松尾，2009）。1つは所属集団への忠誠を重んじ，集団外の人は疑わしく見てなるべく協力を避け，仲間内での結束を高めるというタイプの挙動であり，この身内集団原理の倫理体系を「武士道」とよんだ。これに対して，より幅広い人々とも取引をすることを認め，所属性にかかわらず適切に対応することによって信頼関係を確立し，互いに利益を上げることができるとする開放個人主義原理の倫理体系である「商人道」がある。

両者の対比は，地中海貿易において，取引の相手を限られた範囲に限定した

1）本シリーズ第1巻『実験が切り開く21世紀の社会科学』第10章も参照。

4. さまざまな発展

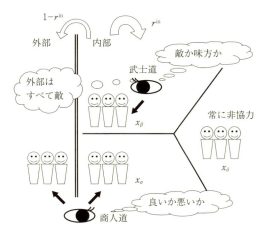

図1-8 異なる社会規範のコンフリクト 集団中のメンバーは2系統の評判により評価づけられる。2つの評判の片方は外部のプレイヤーとの交渉を良いとする「商人道」で，他方は外部との交渉を悪いとする「武士道」である。商人道の評価をもとに行動するプレイヤー（S）と，武士道の評価をもとに行動するプレイヤー（B），それに常に非協力のプレイヤー（D）の3タイプが集団に混ざりゲームをする。(Matsuo et al., 2014)。

マグリブ商人と，より開放的に受け入れたジェノヴァの商人との対比とも，ほぼ対応した内容が含まれている[2]。

このような議論にもとづいて，外部のプレイヤーとの取引を拒否する道徳と受け入れる道徳の間でどのようなコンフリクトが生じるかを，間接互恵の定式化にもとづいて行ってみた（Matsuo et al., 2014）。

まずラベルの張り方が2つある（図1-8）。それで内集団びいきをせず，外部のメンバーともつきあうことを奨励するのを「商人道」とよび，外部メンバーと協力することは望ましくないとするものを「武士道」とよぶ。

次のように考える。それぞれのプレイヤーは，自分の行動を他の人から見てよいと思われるか悪いと思われるかを判断できる。いまは，2系統のラベルがあり，それぞれに高い／低い評価をする。区別するために，武士道でみると味方／敵，商人道でみると良い／悪い，というふうにラベルがなされる。つまり

2）本シリーズ第7巻『文化を実験する』第6章も参照。

集団内のすべてのプレイヤーは，これら2系統の評価を持っていて，それぞれルールに従って変更がなされる。そしてそれらの評価は全員が知っている。そのプレイヤーの行為とその相手の評判とに応じて次の本人の評判が決まる。ここでの次回の評判の決め方はカンドリ規範を使うことにする（図1-4a）。つまり相手が「高い評価」であれば，それに協力／非協力したら本人は次に「高い／低い」評価を受けることになり，相手が「低い評価」であれば，それに協力／非協力した本人は次回に「低い／高い」評価を受ける。このことは2系統の評価のそれぞれについて計算される。簡単のため行為や評価の誤りは無いことにしておく。

ここでプレイヤーは出会った相手の評価が高いときには協力，低いときには非協力を行う。しかし2つある評価系統のうちいずれを用いるのかは，プレイヤーごとに決まっている。武士道プレイヤーは武士道の基準で「味方」ならば協力し，「敵」ならば非協力をする。商人道プレイヤーは商人道の基準で「良い」相手と協力し「悪い」相手に非協力をする。

カンドリ規範の性質から，武士道プレイヤー同士は他の武士道プレイヤーを「味方」と評価し，互いに協力するようになる。商人道プレイヤー同士でも互いに協力し，他の商人道プレイヤーを「良い」と評価する。

図1-9に示した結果を説明しよう。集団には武士道プレイヤー（B）と商人道プレイヤー（S），それに誰にもいつでも非協力をする社会的寄生者（D）がいる。それらの割合は加えて1なので，三角形の領域の上に表せる。それらの頻度の変化方向が矢印で示されている。この図の場合には，武士道プレイヤーが大多数を占める集団も，商人道プレイヤーが大多数を占める集団も，それぞれに高い協力レベルを安定に維持することができる。社会的寄生者が多い集団も安定であるが，協力はなされない。

興味深いのは，三角形領域の下辺の中ほどにある平衡状態で，これは武士道プレイヤーと商人道プレイヤーがほぼ拮抗する場合を示す。そこに社会的寄生者が少数侵入してくると，それはどんどんと増加し，最後に集団全体を占めるということがわかる（下辺の平衡状態から少し上に離れると，最終的に上の頂点に収束する）。これは何が起きているのだろう。

問題は両者の間の評価である。集団は最初全員が互いに高く評価していて協

4. さまざまな発展

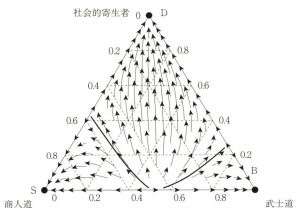

図1-9 異なる社会規範のコンフリクトのレプリケータダイナミクス 集団は，武士道にもとづく評価により行動するプレイヤー（B）と商人道にもとづく評価により行動するプレイヤー（S），さらに誰にも協力しない社会的寄生者（D）の3つのタイプからなり，それらの頻度の変化は三角形領域の中の動きとして表される。武士道も商人道もそれらが大多数を占める集団では高い協力を安定に維持させることができる。ところが，両者が拮抗する集団では，わずかな社会的寄生者が侵入すると，それが増大して最終的に全部を占めてしまい，社会の協力が成立しなくなる（Matsuo et al., 2014）

力し合っている。ところが外部メンバーとの接触機会があると，とたんに変わる。ある商人道プレイヤーAが外部のメンバーと協力したとしよう。武士道プレイヤーはAを「敵」と見なす。次回にAが集団内の武士道プレイヤーBにあうと，後者はAに対して非協力をする。そのため，Bは他の商人道プレイヤーから「悪い」と評価されてしまう。外部に協力したAが商人道プレイヤーCに会ったとすると，CはAに協力するが，その結果カンドリ規範により他の武士道プレイヤーがCを「敵」と評価するようになる。このようにして，商人道プレイヤー集団と武士道プレイヤー集団は互いに相手を低く評価するようになってしまうのだ。計算によると，外部との接触が少しでもあると，時間とともに互いに相手のグループのメンバー全員に否定的評価をして，非協力をするようになる。

このような状況で社会的寄生者は，武士道プレイヤーに非協力するため商人道プレイヤーから良いと見なされ，また商人道プレイヤーに非協力することで

武士道プレイヤーから味方と見なされる。その結果，両者からの協力をある程度受けることができ，漁夫の利をおさめるのである。倫理がそれぞれ1つだけだと，協力的な社会が実現できるのに，2つの倫理が拮抗すると互いにいがみ合って，社会の協力が崩れてしまうのである。

　このような結果が出る原因の一つが，評価の低い相手に協力したらすべて裏切り行為と見なすというカンドリ規範にあるとも考えられる。そこで，2次のアセスメントで協力を維持させられたもう1つのザグデン規範を用いたらどうなるだろうかを解析してみた（図1-4b）。すると，ザグデン規範を用いるときにも，武士道と商人道のいずれかが全体を占める結果となる。しかし，先に見たような社会的寄生者の侵入は見られず，いずれの規範かが占めることによる協力状態が実現する（Jusup et al., 2014）。

　また評価の継承ルール，つまり規範がカンドリかザグデンかと，本人の行動時にもちいる評価が武士道か商人道かによってプレイヤーを分類すると，それらの組み合わせで4つのタイプがある。様々な組みあわせ状況で，どの規範と行動戦略が最終的に勝つかを調べてみた（Jusup et al., 2014）。交易等の形で集団の外部と交渉することによる利益が大きいほど，より寛容な行動戦略と規範が有利になりやすいことがわかった。つまり武士道より商人道が，カンドリ規範よりザグデン規範が集団を占めやすい。考え方の異なるメンバーに対してどこまで厳しく迫るかどうかということが，異なるメンバーとの取引のもたらす利益に最終的に影響を受けるというのは，興味深い。

5. 湖水の水質改善問題
——生態系と人々の選択の結合ダイナミックス

　以上で議論した間接互恵は，社会全体のためになる行動を人々にとらせ，そのことで社会的ジレンマ問題を解決することができる。社会的ジレンマ状況は人類が生態系の中で生活し，進化してきた中でずっと重要でありつづけた。

　実際，ほとんどの自然の生態系は人間活動の影響を受けて形づくられてきた。ある湖が富栄養か貧栄養かを決める上では，流域での土地利用が大きな影響を与える。また，火入れや放牧によって維持される草原，水田や畑地などの農耕地をはじめ，植林した森林，漁獲圧を受ける沿岸域，水が利用される湖沼など

5. 湖水の水質改善問題

多くの生態系は，人間の影響がなくなれば今の姿は保てない。
　その一方，生態系の変遷によって人間社会が大きく変わることは，イースター島など，生態系の荒廃が人間文明の崩壊をもたらした多くの例が示している（Diamond, 2005）。そのため人間社会の理解と生態系の理解とは互いに切り離すことができない。
　自然資源の利用や環境問題の解決については，社会的ジレンマが潜んでいる。このことを湖水の水質改善問題をもとに考えてみよう。

●環境問題と社会的ジレンマ

　湖沼の水が窒素やリンなどの栄養塩類を多く含むと，アオコが発生したり悪臭がしたりする。この富栄養化に対処するには，栄養塩類の流入を制限することが重要である。水質の改善には，地域住民が下水道を利用したり，農業従事者が土壌や肥料の流出が少ない農法を採用したり，事業者が効率の高い栄養塩類除去装置を設置するなどの方法によって，流入する栄養塩類を抑制することが効果がある。しかし下水道に接続する費用は住民が支払わねばならない。また肥料流出の少ない農耕法をとると手間がかかる。環境改善に役立つ行動をとる協力的なプレイヤーは，そのための費用や手間をプレイヤー自身が支払うことになる。
　それぞれのプレイヤーは水質の改善を高く評価しているとしても，湖沼の水質改善に対するプレイヤーのひとりひとりの寄与は全体の中でいえばごく一部である。1人のプレイヤーが，協力をやめて経済的な選択肢をとるとしても，それによってもたらされる湖の水質悪化はわずかである。コストを考えると，個人にとって合理的な決定は，自らはコストを支払わず，他のプレイヤーが水質改善に寄与する環境改善に協力的であることを期待することである。しかしすべてのプレイヤーがそのような「ただ乗り」行動をとると湖水は汚染されたままになる。これは社会的ジレンマと呼ばれる状況である。
　近年，社会科学において実験的研究が盛んになり，個人が自分の利得を最大にする挙動をとるとは限らないことが明らかになってきた。公共財ゲームや最後通牒ゲームが示すように，人々の心にはさまざまな感情があり他人への配慮や共感がある。フィールド調査や実験により，人々が社会的ジレンマの状況下

にあっても協力を実現できることが分かってきた。人々の行動選択は，金銭的な利得だけで決まるものではなく，経済以外の要因，たとえば社会にとっての必要性，評判，責任感，社会にとっての善に寄与したいとする意欲などによって影響を受ける。数学的に同じゲームでも，社会的イベントへの寄付といった非経済学的な状況のものとして説明されたときの方が，ファンドへの投資といった経済的状況と説明された場合よりも，人々の協力行動をとる度合いがずっと高くなる。そして，多くの人々は，条件的協力者で，他のプレイヤーが協力するときに自らも協力する。

これらの結果をまとめると，第1に人々には，皆のためになること，公益に寄与したいとする気持ちがあること，第2にその傾向は，他人の行動によって変わり，他人が協力をすると自らも協力をし，他人がしないと自らもやめるという傾向があること，そして第3に，協力をしない他人をみると腹をたて自らの利得を下げてでもそのような非協力な人，不公平な行動をもたらす人の取り分を減らす処罰行動がみられる。逆に言えば，このような処罰行動が予想される集団の中でプレーしつづけていると，皆にプラスに成る行動をとることが結局は本人にも有利になる。人々は，公共心や正義感，不公平に対する怒りなどの感情を通じた行動によって，協力的に行動するよう互いに仕向けている。その心理的基盤は，ヒトが「社会的動物」として進化してきたプロセスにおいて獲得してきたものだろう。その進化には，前節まで説明したように人間において他人に対して「良い」「悪い」という評価を行い，それを互いに共有することで互いに協力せざるを得ない状況に追い込むという間接互恵の機構がはたらいている。

● **社会的圧力**

多くのプレイヤーが，コストは低いがリンの流出量が多い選択肢Nと，逆にコストはかかるがリンの流出量の少ない選択肢Cの間でいずれをとるか毎年選ぶ状況を考えてみよう。この選択には経済コストに加えて「社会的圧力」が考慮されるとする。社会的圧力は公共の利益に貢献したいとする意欲を表したものである。

社会的圧力は，一定値ではなく環境や集団内の他のプレイヤーの意見分布に

よって影響を受ける。そこでは2つの性質を仮定する (Iwasa et al., 2007)。第1に，その社会の中で湖水の汚染が頻繁に話題に上っていて，何とか解決せねばならないというふうに重要性が感じられているほど社会的圧力は強まる。これは人々が社会にとっての益に貢献することが確かなほど協力意欲を持つことに対応している。第2に，他のプレイヤーが協力するほど社会的圧力が強まる。これは同調性を表す。

多数のプレイヤーがそれぞれに2つの選択肢から1つを選ぶ。片方は経済コストが低いがリンの流出量が大きい選択肢N，他方は経済コストはかかるがリンの流出量が小さい選択肢Cである。それぞれのプレイヤーには選択し直す機会が年当たりsの確率で訪れる。

環境に配慮する選択肢Cは，湖をきれいにするので誰もが利益を受けるが，行為者本人にコストがかかる。それは「協力行動」である。選択肢CとNのそれぞれがもたらす効用は，

$$U_N = \lambda(y_t) - c_N - \gamma(1+\xi x_t)(1+ky_t) \tag{1a}$$
$$U_C = \lambda(y_t) - c_C \tag{1b}$$

とする。ここで両方の式の右辺第1項は共通で$\lambda(y_t)$があり，これは湖水の汚染度y_tの減少関数である。それはいずれの行動をとるプレイヤーにとっても，湖はきれいな方が望ましいことを表す。両方の式の第2項は，選択肢をとることの経済コストを表す。非協力の選択肢Nの方が協力的なCに比べてコストが小さいので，$c_N < c_C$である。プレイヤーはより効用の高い方の行動をとろうとするので，経済コストだけ見れば，Nをとりやすい。

(1a) 式の第3項は，非協力な選択肢Nをとるプレイヤーには社会的圧力がかかることを示している。この項は協力的選択肢Cをとるプレイヤーの効用(1b)にはあらわれないため，より協力的な選択肢をとらせるように働く。社会的圧力は3つの因子の積として$\gamma(1+\xi x_t)(1+\kappa y_t)$とした。ここで$\gamma$は社会的圧力の基本的強さの定数である。$(1+\xi x_t)$は集団中の他のプレイヤーが協力すると自らも協力せざるを得ないと感じることを示すもので，x_tは協力者（つまり選択肢Cをとるプレイヤー）の割合をあらわす。ξは正の定数で同調性の強さを表す。最後の因子$(1+\kappa y_t)$は，y_tの増加関数であるが，これは湖沼の水質が悪化する

問題の重要さが社会に広く認識されて，問題を改善する行動Cをとる意欲が強まることを表す．逆に，湖沼の水質汚染が改善され，y_t が小さくなると，興味が薄れて協力しなくなる．κ は正の定数で，社会の環境に対する関心の強さを表す．

● 生態系／社会系結合ダイナミックス

さてプレイヤーはそれぞれに2つの選択肢の間で毎年確率 s で選び直すが，その選択は確率的で，効用（U_N と U_C）の大きな方の選択肢をとりやすい傾向がある．プレイヤーの人数が十分に多いと考えて，その中での協力者（選択肢Cをとる人）の割合の変化 x_t を追跡する（図1-10）．次の年の協力者の割合は

$$x_{t+1} = (1-s)x_t + s\frac{e^{\beta U_C}}{e^{\beta U_C} + e^{\beta U_N}} \tag{2}$$

で与えられるとする．効用 U_N と U_C が（1）式で与えられる．パラメータ β は遷移確率の効用差に対する感度を示す．β が小さいと2つをランダムにとる傾向がある．β が大きいと，効用が少しでも小さい方への遷移は避けられる．s は年あたりの態度変化確率の最大値である．s が大きいとコストの変化にあわせて素早く態度を変えること，s が小さいと人々が保守的であることを示す．選択肢を変更することで効用が大きく改善される場合でも，態度変化が生じるには平均 $1/s$ 年かかる．

次に，湖沼の汚染レベルがどのように変化するかを考えよう．プレイヤー1人当たりのリンの放出濃度は $P = p_N(1-x_t) + p_C x_t$ とする．x_t は協力者（選択肢Cをとるプレイヤー）の割合である．協力者は p_C で非協力者は p_N の濃度なので，それらを x_t と $1-x_t$ との比率で平均した．$p_N > p_C$ と仮定しているので，リン放出濃度 P は協力レベル x_t とともに減少する．湖沼内での陸水学的ダイナミックスはできるだけ単純に仮定し，湖沼の汚染レベル y_t は次の式に従うとする．

$$y_{t+1} = (1-a)y_t + a\{p_N(1-x_t) + p_C x_t\} \tag{3}$$

a は，回転率を表す．1単位時間で湖水のうち a が流入してその分だけ流出する．右辺の第1項は前年から残っている水からの寄与，第2項は新たに流入す

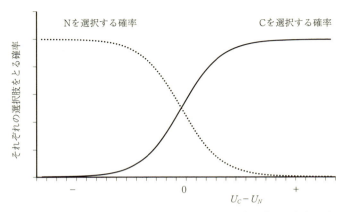

図 1-10 人の行動選択のルール 2つの行動のうち，より高い効用を与えるものをとる確率が高いが，他方をとる確率もゼロではない。効用の違いが大きいほど，有利な行動をとる確率が高くなる。これを確率的最良応答とよぶ。(2) 式は，毎年 s の割合のプレイヤーが行動を切り替えるか続けるかを考えるダイナミックスである。

る水のリン濃度である。

　生態系・社会経済系の結合動態は，人々の意見のダイナミックス（2）と湖のリン濃度のダイナミックス（3）とを連立して解くものである。これらの式を繰り返し用いると，すべての t について計算できる。

● **正と負のフィードバック**

　この系には2つのフィードバックループが含まれている。これらは社会的圧力がもつ2つの性質にそれぞれ対応している。

　まず湖沼の水質汚染がひどいほど社会の関心が高まり，社会的圧力も強くなると仮定した。そのため負のフィードバックがかかる。つまりある年に協力するプレイヤーが多いと，湖の水質が改善され社会の関心が低下する。そして社会的圧力が小さくなり，翌年には協力レベルが下がる。

　他方で，同調性のために他のプレイヤーが協力的行動（環境に配慮するC）をとるときには社会的圧力が強くなる。このことによって正のフィードバックが生じる。図 1-11 では白抜の矢印で示した。協力レベルが高くなると社会的圧力が強くなるために，それぞれのプレイヤーは協力し続けて x_t が高い平衡状態

第1章 協力の進化

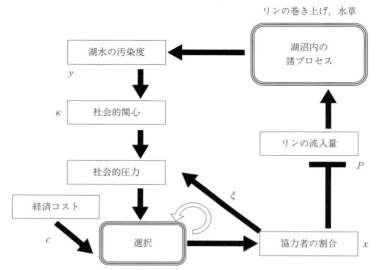

図 1-11 ヒトの選択と湖水の水質の結合ダイナミックスの図 水質が悪化すると環境への関心が高まるために負のフィードバックがはたらく。他方,他のプレイヤーとの同調性にもとづいて正のフィードバックがはたらく。(Iwasa et al., 2007)

が安定に維持される。逆に協力レベルが低くなると,社会的圧力が弱くなり,だれも協力しない状態が安定になる。これらはそれぞれ安定でありいったん到達すればそのまま続く。つまりシステムは双安定である。

これら正と負の2つのフィードバックの相互作用により,長期の周期変動やカオス,初期状態によって最終状態が異なることやパラメータへの複雑な依存性など,系は非線形力学系に典型的な挙動を示す(Iwasa et al., 2007)。以下に意外な挙動の例を2つほど紹介しよう。

●系の安定性は湖水の入れ換えと人々の態度変更のスピードで変わる

湖水中のリン濃度は,流れ込みと流出のバランスで決まり,湖水の入れ換えのスピードは回転率 α で与えられる。これに対して,人々の意見の変化率はパラメータ s によって決まる。α や s を変えても平衡状態は変化しない。しかしそれが安定かどうかは,湖水のリン濃度の入れ換えと人々の協力度合いの変化

5. 湖水の水質改善問題

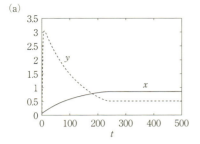
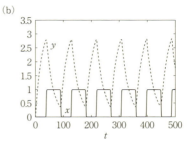

図1-12 **相対スピードによって安定性が変わる例** 人々の意見変化のスピード s と湖水の入れ換えのスピード a の相対的な大きさによって系の挙動は大きく変わる。(1) a = 0.4, s = 0.008。湖水の回転率が速く人々の意見のダイナミクスがゆっくりしているとき、平衡状態が安定になる。(b) a = 0.004, s = 0.8。湖水の水質がゆっくり変化し人々の意見のダイナミクスが速いと、平衡状態は不安定で大きな振動がいつまでも続く。(Iwasa et al., 2007, 2010)

のうち、いずれが長くかかるかで変わる。

図1-12aに示した例では、湖水の変化は人々の態度の変化に比べて速く生じる（$s \ll a$）。どこからスタートしても系は中間的な協力レベルと中間的な汚濁レベルをもつ平衡状態に収束して行く。これに対して図1-12bは、人々の意見の変化が湖の変化に比べて速く生じる場合を示す（$s \gg a$）。平衡状態は同じだが、それは不安定である。湖水が汚いと感じると人々はほぼ全員が協力するレベルに到達する。人々の協力が高いために流入する水のリン濃度は小さく、そのため湖水中のリン濃度はゆっくりと低下していく。人々の同調性のために協力する状態はしばらく安定に保たれる。しかしリン濃度が十分に低下した時点で、突如として人々の協力が失われるときがくる。集団の中の人々の関心は急速に低下し、ほとんど誰も協力しなくなる。そうなると流入水のリン濃度が高くなり次第に湖水の汚染度合いが高まる。しかし他のメンバーが協力しないために自ら協力しはじめようとする人は少なく、協力レベルの低い状態が続く。リン濃度がかなり高くなった時点でついに、湖沼の汚染に対する関心が高まりだし、ほぼ全員が協力をする状態に移行する。このように、協力の高いレベルと低いレベルをとる期間がそれぞれ長く、その間を短時間で遷移することになる。この周期的変動はいつまでも続く（Iwasa et al., 2007, 2010）。

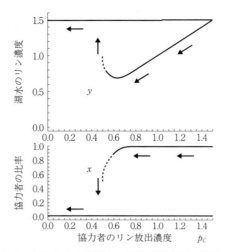

図 1-13 流入水からリンを除去すると湖水の汚染が進む例　横軸は環境に配慮した選択肢 C をとるときのリンの排出量 p_c である。縦軸は，上図は湖水中のリン濃度 y，下図は協力者の割合 x を示す。技術が改善するにつれて p_c が低下する（矢印で示した）。その結果住民が環境への関心を失い，湖全体の汚染はかえってひどくなる。(Iwasa et al. 2007; Iwasa et al., 2010)

● 栄養塩除去のパラドックス

　環境に配慮したプレイヤーのリン排出量 p_c を技術改良によってさらに低下させられれば湖沼はきれいになると考えるのが常識だろう。ところが，このモデルでは，p_c が小さくなりすぎると協力するプレイヤーが少なくなり，その結果，平衡状態での湖水の汚染度が上昇することがある。

　図 1-13 は，環境に配慮した選択肢 C がもたらすリンの流出量 p_c に対する最終状態を示したものである。技術が進歩すると同じコストでより効率よくリンを除去することができるようになる。そのため p_c は減少する。図 1-13 の上図の例では，p_c が 0.6 以上では p_c が小さいほど汚染度 y も小さくなる（矢印が示している）。これは予想通りだ。ところが，0.6 以下に p_c が小さくなると，逆に湖沼の水質は悪化する。図 1-13 ではごく小さな p_c で，y は最大の値をとっている。

　この意外な結果は，直観的には正と負のフィードバックが組み合わさって生

じたと理解することができる。非常に低い値の p_C に対しては，負のフィードバックがはたらき，水質が改善されるために人々の間で水質改善に協力する意欲が薄れてしまい，非協力プレイヤーがほとんどを占める状態に落ち込んでしまう。いったんそうなると，そこで正のフィードバックがはたらきだす。水質は低下しても協力者が少ないために誰も協力し始めようとはせず，その結果，汚染度は高いままに保たれるのだ。

これは，人々の環境への関心，協力する意欲などがどのように決まるかを知らずに技術的な改良でリンを除去するだけでは，水質汚染を克服できない可能性があることを示唆している（Iwasa et al., 2007, 2010）。

上記は湖に流入する水の中のリン濃度を減らすというプロセスであったが，湖水中のリン濃度を取り去るという操作をした場合にも，同様に意外なパラメータ依存性が生じる。(3) 式に湖水からリンを除去する項（$-uy_t$）を加えてみる。平衡状態での湖水の汚染度は，リン除去の速度 u が小さいときには，除去の速度 u が大きくなるにつれ次第に汚染度 y は小さくなる。これは常識的な依存性だ。ところがある値よりも除去率が大きくなると，湖水の汚染度が急に大きな値に飛躍する。いったんこの飛躍が生じると，再び u が元の値に戻ったとしても，湖水の汚染度はもとのレベルには戻れない。これもまた湖水がきれいになることで人々の環境への感心がうすれることと，人々の同調性とが絡み合って生じた非線形性の結果である。

6. 累進的処罰

これまでは，それぞれのプレイヤーが，自らの行為が第三者から評価される可能性を考慮することによって，短期的にはコストがかかっても他人を助ける協力行為をとる状況を考察した。このときにはプレイヤーは互いに同等であり，評価や処罰専門の人がいるわけではない。また悪い評判をもつ人に協力を控える制裁行為にも，集団中のすべてのプレイヤーが関わることになる。

集団のサイズがある程度の大きさになると，評価と処罰を専門に行う人が現れることが多い。先のようにそれぞれのプレイヤーが評判の悪い相手には協力を差し控えたり処罰をするタイプのモデルをピア処罰（peer punishment），集

団全体に評判の悪いものを処罰する専門家を雇うタイプのモデルを共同処罰（pool punishment）と呼んで，これらのうちいずれが協力を進化させやすいかが議論されている。

本節では，集団全体で処罰のシステムを決める場合について考えてみる。

●乱獲や過放牧を話し合いとルール作りで克服する

多数の漁師が共通の漁場で漁をしているとしよう。皆が頻繁に出漁すると，魚の個体数は枯渇してしまう。すべての漁師が出漁をいままでの半分に減らす約束をし，それが守られれば，魚の数は回復し，どの漁師にとっても良い結果をもたらす。しかし，個々の漁師にとっては，他の漁師が控えめに出漁し，自分は今まで通りに漁を続けることが有利である。自発的に出漁を抑えるのは難しく，ついつい乱獲状態に陥ってしまう。

もう一つ似た例として，家畜を放牧する共有の草地を考えてみよう。多数の家畜を放牧すると草がなくなり疲弊してしまう。もし家畜の数を制限することができればよいが，それぞれの人が自らにとって望ましいだけの数の家畜を放牧するならば，共有地において家畜は過剰になってしまう。

漁獲対象や牧草地だけでなく，森林や農業用水などの自然資源の利用についても，それが共有であり自由に使用できると使いすぎてしまうという問題がある。これは共有地の悲劇と呼ばれている。社会的ジレンマの一例である。

オストロム（Elinor Ostrom）は，自然資源の利用に関する野外調査を行った。すると乱獲や管理の失敗に陥った場所ばかりではなく，人々が自分たちで相談をして使用についてのルールを定め，ルールを破る者に処罰をすることで，管理を成功させている例が多数あることを見いだした（Ostrom, 1990）。オストロムによると，このとき管理がうまくいくにはいくつかの原則（design principle）を満たすことが必要だという。たとえば「資源を利用する権利のある人とない人が規定されている」とか「資源の回復が正確に把握できる」「ルールに不都合があるときには変更を提案することができる」など，いずれも納得がいくものであろう。その1つに，「本人がなした害が少しのときは小さな罰を，大きな害には大きな罰を与えるべきだ」という原則があり，これは累進的処罰（graduated punishment）という。

6. 累進的処罰

罰は罪に対応すべきだとする考えは，非常に古くから存在し，司法の世界では至る所に見られる原則と言ってもよい。とすればそれがなぜ良いのだろうか (Iwasa & Lee, 2013)。通常は経済利得最適化などの人々の行動ルールを先に仮定して，それからどのような社会ができるかを計算し，それをもとにどのように制御することが望ましいかを議論する。しかしここではやり方を変えてみる。罰の強度を社会への害とともに増大させることは広く見られることから，それが社会に協力をもたらす上で効率的なものであると推測する。そうだとすれば，人々はいったいどのような行動ルールに従っているのだろうか，と逆向きに考えるのである。

●最適の制裁の仕方を問う

集団にはN人のプレイヤーがいて，それぞれが利己的行為と協力的（もしくは向社会的）行為のいずれをとるかを選ぶとする。たとえば漁師にとって，協力的行為は皆との約束通り魚をとる量を控えることで，利己的行為は約束に違反して余分に魚をとることである。その場合，皆が協力すると魚の量が回復して将来により多くとれるようになる。

別の例として，湖水の水質汚濁の問題を考える。湖水がリンやチッソなどの栄養塩を含むと富栄養化し，アオコが発生して多くの人が被害を受ける。この問題では，農家が手間をかけて肥料が流れ出さないように丁寧にシロカキを行うことが協力的行為で，手間をかけずにシロカキをするのが利己的行為である。皆が協力すると湖水の水質が改善され，誰にとっても望ましくなる。

いずれの例でも協力的行為をとるプレイヤーは，自らの今期の漁獲量減少やシロカキの手間などのコストを払う。ここでは協力的行為を基準にして，利己的行為をすると個人的利得Bを受けると表すことにする。他方で，その行為は人々に害を与える。乱獲の問題では将来の魚の量が減少するし，湖水汚濁の問題では，湖水が富栄養化してしまう。いずれもプレイヤー全員にとってマイナスになる。ある利己的行為をすることによって社会全体に及ぼす悪影響は損害Hであるとし，その被害はプレイヤーの全員が分けて被るものとしよう。まず簡単な場合を考え，それぞれのプレイヤーが何をしているかを間違いなくモニタできるとする。

ルールから外れたときに，処罰を与えることができる．その結果，処罰 P がプレイヤーの利得から差し引かれる．ではどの程度の処罰 P を行うのが最も望ましいであろうか？　社会全体での良さを測る社会厚生関数 Φ は，2つの行為をとる人の効用に，それぞれをとる人数をかけて加えたものである．処罰をすると，それを受けた人の効用は減少する．だから Φ は P とともに減少しそうに思えるが，そうとは限らない．というのも P が増えると利己的行為の効用が低下し，その結果利己的行為をとって害をもたらす人数が減るからである．これらの効果のバランスの結果，社会全体にとっての厚生関数を一番高くするような処罰の仕方が存在する．

●厳しい処罰が望ましいか

2つの行為をとる人の数は，それぞれの効用の違いによって決まると考える．効用の高い行為をとる人が逆より多いだろう．しかし少しでも効用が高い方を全員がとるというのは非現実的だ．効用の高い行為をとる確率が効用の違いとともに連続的に増大するとしよう．たとえばCとNのうちCをとる確率は，両者の効用の差が ΔU とすると，$p_C = 1/(1 + e^{-\beta \Delta U})$ となるとする．図 1-10 にあるように，β は効用の違いに対する感受性を表すもので，β が大きいと少しでも効用の高い方をとるが，β が小さいと効用にはそれほど影響されないことになる．

このような状況で社会にとって最も望ましい処罰の仕方を考える．つまり P を選んで Φ を最大にするのである．計算してみると，

$$P^* = \begin{cases} 0, & \text{if } B > H \\ \infty, & \text{if } B > H \end{cases} \tag{4}$$

となる．つまり社会におよぼす害 H が，利己的行為で受ける利益 B よりも小さいときには，いちいち処罰せずに見逃すのがよい．しかし害が利益 B を超えると，非常に厳しい処罰をして，利己的行為をしないようにしむけるべきだというのだ．たとえば駐車違反することの便益が，そのことで他の人が受ける被害より大きい違反は見逃すが，被害の方が大きいと「駐車違反は死刑」と決めると言ったルールである．そのことで，誰も駐車違反しないようになるので，社会には最も望ましいだろう．

これはもちろんオストロムの考えた累進的処罰とはまったく異なる。またできるかぎり強く処罰すれば良いというのも非現実的である。何か大事な点が考慮から抜け落ちている気がする。どのような要素を考えるとより現実的な結果になるだろうか。

● **評価の誤りと集団の不均一性**

ある人が何を行ったかということが間違いなく知られるという仮定には無理があるだろう。そこで，本当は協力的行為をとったにも関わらず間違えて利己的行為をとったと非難される，つまり冤罪が発生する可能性がわずかながらあるとしよう。この確率を ε_1 とする。逆に本当は利己的行為をしたが，それが見過ごされるということもあるだろう。この確率を ε_2 とする。

これらの誤りを考慮して計算し直すと，図 1-14 の均一とラベルのついた曲線のようになる。横軸は害の強さ H で，縦軸は最適の処罰レベルである。冤罪の可能性 ε_1 があると，無限に強い処罰をすることは望ましくなく，最適な処罰レベルは有限に収まるようになる。見逃しの確率 ε_2 はそれほど大きな影響を与えない。

図 1-14 の「均一」とラベルのある曲線が示すように，たしかに有限にはなる。ところが害を連続的に増やしたところ。ある程度以下だと処罰をしないで見逃すのが望ましいが，あるところで急に高い処罰レベルになり，そのあとは，害が増えても処罰レベルはほとんど上がらないという挙動を示す。これは，オストロムのいった累進的処罰とは違っている。

害のレベルとともに処罰レベルがどんどんと増大するようなパターンが最も効率的なものになるように，次に集団が不均一でさまざまなプレイヤーが混ざっていると考えてみた。β というパラメータは，行動確率が効用の違いにどの程度敏感かを示す量だが，それが人によって大きく違うとする。つまりある人は処罰を受けるとその行為をすぐにやめるが，別の人は処罰を受けても行為の確率が低下はするもののなかなかやめない。この β の値が指数分布をしているとする時の計算結果が，図 1-14 にある不均一とラベルのある曲線である。害が小さいときには処罰は控えるのがよい。利己的行動がもたらす利益 B を超えてもすぐには処罰をせず，ある程度超えたところで処罰が始まる。そのあと，

第1章　協力の進化

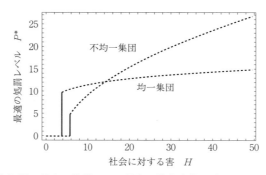

図 1-14　最適な処罰の仕方　横軸はその行為が社会全体に対してもたらす害の程度。「均一集団」は，プレイヤーの全員が同じパラメータを持つ場合，「不均一集団」はプレイヤーによって効用差への感度 β が大きく異なる場合の，社会的厚生関数を最大にする処罰の様式。実際には協力したプレイヤーを害をなしたと間違えて判断する冤罪の可能性も考慮されている。（Iwasa & Lee, 2013）

害が増大するにつれ最適の処罰レベルも次第に増大する。

これは均一な β をもつ集団とは違っている。さらに，H が大きいときには最適解が計算できる。最適の処罰レベルは，行為がもたらす害 H の平方根に比例する。また冤罪の確率 ε_1 が高いと最適処罰レベルが低下する。しかし見逃し確率 ε_2 は最適処罰の強度にほとんど影響しない。これらの結果は現実に採用されいる処罰に近そうな気もするが，定量的調査が必要である。

7. おわりに

以上，進化生物学の基本的な考え方をもとに，人間社会で現れる様々な現象や制度についてなされた数理モデルによる検討を紹介した。人間社会ではヒト以外の動物の社会と比べて格段に高いレベルの協力が実現されている。それを可能にする制度は，これまでも社会科学の基本にあるゲーム理論において研究がなされてきた。近年の実験社会科学の研究は，人々の心に向社会性があることを示している。それは間接互恵にもとづいた進化機構に支えられて進化してきたのだろう。さまざまな側面について，進化ゲーム理論を含む進化生物学的なアプローチが，社会の決まりを理解する上に，役立つと思われる。

参考文献

Diamond, J. (2005). *Collapse: how societies choose to fail or succeed*. Viking Press.

Hamilton, W.D. (1964). The genetical evolution of social behaviour. I. *Journal of Theoretical Biology*, 7, 1-16.

Iwasa, Y., & Lee., J-H. (2013). Graduated punishment is efficient in resource management if people are heterogeneous. *Journal of Theoretical Biology*, **333**, 117-125.

Iwasa, Y., Uchida, T., & Yokomizo, H. (2007). Nonlinear behavior of the socio-economic dynamics for lake water pollution control. *Ecological Economics*, **63**, 219-229.

Iwasa, Y., Suzuki-Ohno, Y., & Yokomizo, H. (2010). Paradox of nutrient removal in coupled socio-economic and ecological dynamics for lake water pollution *Theoretical Ecology*, **3**, 113-122.

Jacobs, J. (1992). *Systems of Survival: A Dialogue on the Moral Foundations of Commerce and Politics*. USA: Random House Inc.

Jusup, M., Matsuo, T., & Iwasa, Y. (2014). Barriers to cooperation aid ideological rigidity and threaten societal collapse. *PLoS computational Biology*, 10(5). e1003618. doi:10.1371/journal.pcbi.1003618

Kandori, M. (1992). Social norms and community enforcement. *The Review of Economic Studies*, **59**, 63-80.

松尾匡（2009）．商人道ノススメ　藤原書店．

Matsuo, T., Jusup, M., & Iwasa, Y. (2014). The conflict of social norms may cause the collapse of cooperation: indirect reciprocity with opposing attitudes towards in-group favoritism. *Journal of Theoretical Biology*, **346**, 34-46.

Nowak, M.A., & Sigmund, K. (1998a). Evolution of indirect reciprocity by image scoring. *Nature*, **393**, 573-577.

Nowak, M.A., & Sigmund, K. (1998b). The dynamics of indirect reciprocity. *Journal of Theoretical Biology*, **194**, 561-574.

Nowak, M.A., & Sigmund, K. (2005). Evolution of indirect reciprocity. *Nature*, **437**, 1291-1298.

Ohtsuki, H., & Iwasa, Y. (2004). How should we define goodness?: reputation dynamics in indirect reciprocity. *Journal of Theoretical Biology*, **231**, 107-120.

Ohtsuki, H., & Iwasa, Y. (2006). The leading eight: social norms that can maintain cooperation by indirect reciprocity. *Journal of Theoretical Biology*, **239**, 435-444.

Ohtsuki, H., Iwasa, Y., & Nowak, M.A. (2009). Indirect reciprocity provides only a narrow margin of efficiency for the costly punishment. *Nature*, **457**, 179-182.

Ostrom, E. (1990). *Governing the commons: the evolution of institutions for collective action*. Cambridge University Press.

Trivers, R.L. (1971). The evolution of reciprocal altruism. *Quarterly Review of Biology*, **46**, 35-57.

Wedekind, C., & Milinski, M. (2000). Cooperation through image scoring in humans. *Science*, **288**, 850-852.

第2章 集団における協力の構造と協力維持のためのルール
―― 進化シミュレーションと聞き取り調査

　集団における協力は人間社会の基盤である。協力の構造としては，集団全員で全員のために協力する場合（All-for-all 構造）に加え，集団のメンバーが一人へ協力する場合（All-for-one 構造）や一人が集団のメンバー全員に協力を行う場合（One-for-all 構造），集団内での2者間相互作用から成り立つ場合（One-for-one 構造）がある。本章では All-for-one 構造の代表例であり通文化的に存在する頼母子講（英名，ROSCA）に着目し，進化シミュレーションによってAll-for-one 構造における協力が維持されるルールを探った。また，新潟県佐渡島で現在も行われている講の調査を行い，進化シミュレーションの結果との比較を行った。

1. はじめに

●集団における協力について

　人の社会は集団から構成され，集団は個人からなる。集団を維持するためには，個人の協力が欠かせない。また，集団間の協力によって大きな集団が維持され，そのような階層構造によって社会が成り立っている。しかし，他の章にも説明があるように，協力を達成することは難しい（1，3，4章を参照のこと）。これを上手くあらわしたモデルとして囚人のジレンマゲームやチキンゲームがある。囚人のジレンマゲームでは協力がナッシュ均衡や進化的に安定な戦略にはならない。チキンゲームでも同様である。

　ではなぜ人は協力するのだろうか。この問いに答えるため，血縁淘汰，グループ淘汰，ネットワークや空間構造，直接互恵性，間接互恵性，罰に着目して研究が進んでいる（1，3，4章を参照のこと）。これらの研究では，2者間の囚人のジレンマゲームやチキンゲームが用いられることが多い。人々は何かの集団に属している。集団の構成員が2人という場合もあるだろうが，多くは3人

以上からなる。集団内の2者間の関係の積み重ねによって集団の協力が維持されている場合もあるが，3者以上で協力関係が作られる場合もある。もし2者間の相互作用と3者以上での相互作用において人は同じ振る舞いをするのであれば，2者間のゲームによる研究でも十分である。しかし，現実には2者間での相互作用と，3者以上での相互作用では振る舞いは異なる。

評判を例に違いを説明してみよう。2者間でのゲームでは，相手の行動や評判などによって自分の行動を決める。同様に3者以上の集団であっても他のメンバーの評判や行動によって自分の行動を決めることになるが，集団の人数が多いほど，全員の評判や行動を参照することが難しくなる。では，そのような状況において人はどのように行動するのかが問題になる。そこで，今回は3人以上の集団における協力に着目する。

3者以上の協力を表現したモデルとしては公共財ゲームがある。これは，n人（n ≥ 3）が公共財に投資する。そして投資額の総計に利息をかけたものが全員に均等配分されるというゲームである（表2-1a）。たとえば，地域の祭りの準備のために時間をかける状況を考える。時間をかけることと，公共財ゲームで財を投資することとは同じである。多くの人が準備のために時間をかけるほど祭りが盛大になり，祭りへの満足度もあがるだろう。一方で自分のために使う時間が減るので仕事や趣味に時間が割けなくなり，割を食うのである。すると祭りの準備には協力しないが，祭りだけは楽しむというフリーライダーが一番得をすることになる。公共財ゲームはまさにこのような社会的なジレンマ状況を上手く表したモデルである。

●誰が誰を助けるのか

しかし集団での協力では，公共財ゲームのように全員が投資して全員が同時に利益を享受するような構造（All-for-all 構造）だけではない。表2-1にあるように，全員が投資するが一人だけ利益を享受する場合（All-for-one 構造）や，一人が全員のために投資をする場合（One-for-all 構造）もある（表2-1b, c）。表2-1dは集団の中での2者間のやりとりとなる（One-for-one 構造）。多くの進化ゲーム理論の研究では One-for-one 構造を仮定している。現実に存在する例としては地域通貨制度がある。ある特定の地域や集団限定で地域通貨を用いるこ

1. はじめに

表2-1 N人ゲームの構造について

構造	(a) All for all	(b) All for one	(c) One for all	(d) One for one
投資・協力	全員	全員	1人（あるいは数名）	1人
受益者	全員	1人（あるいは数名）	全員	1人
例	ゴミ問題 地球環境問題	頼母子講，信用組合 労働組合，共済組合	町内会のゴミ当番， 学会の年次大会	集団内での 個人間の助け合い， 地域通貨（タイムダラー）
佐渡島の例	道普請	頼母子講 念仏講（冠婚葬祭）	念仏講（定期会合） 夜番，神明講 江番，古峯講	
ゲーム	公共財ゲーム	相互扶助ゲーム 回転非分割財ゲーム	ボランティアズ ジレンマ	囚人のジレンマゲーム チキンゲーム

とができ，ある人が別の人に地域通貨を支払って庭の芝生狩り等の援助をしてもらうことで地域内の相互扶助を活性化しようとする試みであり，成功した地域通貨の一つとしてアメリカ合衆国イサカのイサカアワーがある（西部，2013）。

　All-for-all 構造の町内の祭り以外の例としては，地球温暖化のような地球環境問題を解決するためにみんなで節電や節水をするような状況がある。One-for-all 構造は町内会でのゴミ当番にあたる。つまり，ゴミ収集日ごとに当番があり，当番が輪番になっている状況を表している。このような状況をゲーム化したものに，ボランティアズジレンマ（volunteer's dilemma）（Diekmann, 1985）がある。このゲームではn人（n≧2）のグループにおいて1人以上がグループに対して何らかの貢献をして初めてグループメンバー全員が利益を得るという設定になっている。

　All-for-one 構造になっているものとしては共済組合や健康保険組合がある。組合員は定期的に出資し，急に病気になった時には皆の出資金を融資するのである（サグデン，2004＝2008）。サグデンは相互援助ゲーム（mutual aid game）と名付けている。これらの源流として頼母子講がある。頼母子講は通文化的に存在し，英語名は Rotating Savings and Credit Association（ROSCA）という。

たとえば，仮に10名でグループを組み，10名が1人ずつ1万円を投資する頼母子講を考えてみよう。すると10万円の資金ができ，これを1人がうけとる。受領する人は，くじ，入札，あるいはあらかじめ定められた順番で決められるという。これを定期的に10回行えば，メンバー全員が10万円を受け取ることができる。頼母子講は銀行のない時代や社会的信用のないために銀行から融資が断られる場合において，銀行の代わりとなって，まとまったお金を調達する慣習であった。日本ではすでに鎌倉時代から盛んに行われており（櫻井，1988），第2次世界大戦後まもなくまで地域社会に根付いていた。平成の世になっても盛んに行われているのは沖縄と山梨という。櫻井（1988）によると，東日本では頼母子講や無尽といい，西日本とくに九州，沖縄では模合と呼んでいる。発展途上国では今も日常的に行われている。

　辻本（2000）や辻本ら（2007）のアルゼンチンの日系人や沖縄の模合の参与観察研究によると，模合では座元と呼ばれる発起人あるいは世話人がいる場合がある。座元が会合の初回において資金を受領することができ，無利子返済が許されるのだ。座元本人が資金を必要とする場合もあれば，資金の必要な知人のために座元となり模合を始めることもある。どちらの場合でも座元の面識関係が基となり模合の参加者が集められる。その中には差し迫って資金を必要としない人もいるが，このような人たちは，将来資金が入用になったときには助けてもらうために参加するということもあれば，単に懇親の場として参加している場合もある。メンバーが掛金を払えない時は座元が立て替える場合もある。くじや入札で資金を受け取る順番を決めていた。

　表2-1のように集団における協力を大まかに4分類したが，このように構造が異なると協力の維持の仕組みも変わってくるのであろうか？　もしAll-for-all構造と他の構造では協力の維持の仕組みが全く同じであれば，あえてこの4つに分けて研究を行う必要はない。果たしてどうなのであろうか？　そこで次節ではAll-for-one構造をとる集団での協力が維持される条件を探った進化シミュレーション研究を紹介し（Koike *et al.*, 2010），All-for-all構造やOne-for-one構造とは協力の維持されるメカニズムが異なることを示す。

2. 進化シミュレーションによる All-for-one 構造の解析

●基本モデルについて

All-for-one 構造として頼母子講,特に沖縄の模合や日系人の頼母子講の研究報告を基にして(辻本,2000;辻本,2006;辻本ら,2007),様々な頼母子講の共通部分をとらえたモデルを作成した。そのゲームを説明しよう。n 人で講を組織し,n 回会合を開く。毎回の会合では各メンバーは x 円出資し,ある人が資金を受け取る。各メンバーは一度しか資金を受け取らないとする。また,単純化のために座元のようなリーダーは仮定しなかった。櫻井(1988)の親無頼母子講や,3節にもあるようなリーダー格のメンバーがいても実質上メンバー間に差のない講もあるため,この仮定は非現実的ではない。このゲームを「回転非分割財ゲーム(Rotating indivisible goods game)」と呼ぶことにした。

資金を早く受け取るほど,参加者は自分の事業に早く投資ができるので得をすると仮定した。たとえば全員が常に出資をする場合では,t 回目の会合で資金を受け取った人の会合が全て終わった時の利得は $x(n-1)w^{n-t+1} - x(n-1)$ となる。第一項は t 回目の会合で受け取った資金に利益を掛けたもの,第二項は毎回の出資額の総計である。ただし,$w(w \geq 1)$ は利益率とし,$w=1$ のときは早く受け取ってもメリットがない状況とした。

問題は,受け取る人をどう選ぶかである。大まかに入札により受取人を決める場合,くじによる場合,あらかじめ順番を決めておく場合の3種類がある。それぞれモデルでのプレーヤーの設定が異なってくる。Koike et al. (2010) では,毎回くじで受領者を決めると仮定する。すると,プレーヤーの戦略を単純化することができる。プレーヤーの戦略として,出資に関する戦略をコントロールする2つのパラメータ (q_1, q_2) を導入するだけでよい。q_1 は資金を受け取る前に出資をする確率,q_2 は資金を受け取った後に出資をする確率とする。q_1, q_2 とも0あるいは1と仮定すると,$(q_1, q_2) = (0, 0), (0, 1), (1, 0), (1, 1)$ の4種類の戦略となる。$(q_1, q_2) = (1, 0)$ は資金を受け取る前は出資するが,それ以降は出資しないという債務不履行(デフォルト)のことで,これをデフォルト戦略とし,$(q_1, q_2) = (1, 1)$ は常に出資する協力戦略とする。

次に進化シミュレーションの流れを説明する。N 人プレーヤーがいて，m 個の講があるとする。以下では，講を ROSCA と呼ぶ。プレーヤーは一様乱数を基にしてランダムに選ばれて，m 個の内の 1 つの ROSCA のメンバー候補者になると仮定する。基本モデルでは，候補者が全員 ROSCA のメンバーになり，回転非分割財ゲームを行うとする。資金を受け取る順番が一巡した時間を 1 ROSCA 時間と呼ぶ。1 ROSCA 時間終了後にメンバーは解散する。そして先ほどと同様に m 個の ROSCA にランダムに振り分けられるとする。rROSCA 時間を一世代とし，各世代が終了した時に利得を累計する。そして次世代のプレーヤーは，$1-\mu$ の確率で前世代の利得の高い個体の戦略を模倣し，μ の確率でランダムに戦略を変更する。

図 2-1 のグラフを説明しよう。10,000 世代のシミュレーションを 1 試行とし，一世代あたりの q_1, q_2 の平均値を計算する。そしてこれを 50 試行繰り返し，50 回分の平均値を計算することで図 2-1 の q_1, q_2 を求めた。横軸は利益率 w，縦軸は投資確率である。図 2-1a の基本モデルでは受領前，受領後の投資確率ともほぼゼロであり，協力戦略は全く進化しないことが分かる。これは，公共財ゲームでも同じ結果になることは先行研究から示されている（Boyd & Richerson, 1988）。

● 基本モデルに参加者選別のルールを加える

では，何がこの基本モデルでは足りなかったのだろうか。実際の頼母子講ではメンバーは他のメンバーの同意がなければ参加することができない。つまり全員が ROSCA に参加している訳でないのだ。そこで基本モデルに参加者選別のルールを加える。講によっては，リーダーに当たる人がメンバーを選ぶ場合もあるが，今回はあえてリーダーを仮定しないとする。参加者選別の仕方も色々と考えられるが，この研究では評判の良い人を ROSCA のメンバーにするモデルを考える。

では，評判はどのように定義すればよいのか？ ここでは，各プレーヤーが，出資したかどうかによって決まる評判レベル（s）をもち，全員が各プレーヤーの評判レベルを知っていると仮定する（Nowak & Sigmund, 1998）。各プレーヤーは基本モデルにおける（q_1, q_2）戦略に加え，評判の閾値戦略 k も持つ。

2. 進化シミュレーションによる All-for-one 構造の解析

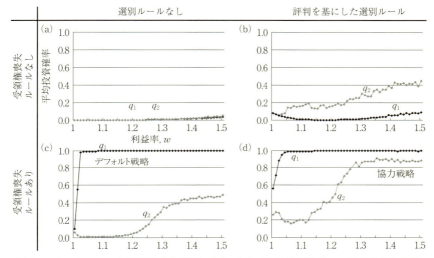

図 2-1　2つのルールと投資確率の関係　(a)-(d)：横軸は利益率 w，縦軸は平均投資確率 q_1, q_2 である。黒色は q_1，灰色は q_2 を示す。$N=100, m=5, r=20, x=1, \mu=0.005$ である。(a) 基本モデルの結果。(b) 基本モデルに，評判を基にした入会ルールを加味した結果。(c) 基本モデルに受領権喪失ルールを加えた結果。(d) 基本モデルに，評判を加味した入会ルールと受領権喪失ルールを加えた結果。デフォルト戦略者は q_1 が高く q_2 が低いプレーヤーであり，常に出資する協力者は q_1, q_2 とも高いプレーヤーである。

Nowak & Sigmund (1998) では，プレーヤーBの閾値戦略を k_B とすると，プレーヤーAの評判レベル (s_A) が k_B 以上であれば，プレーヤーBは「プレーヤーAは良い評判をもつ」と判断する。k_B より低いと，「プレーヤーAは悪い評判をもつ」と判断する。Nowak & Sigmund (1998) を基にして，評判とそれを評価する閾値戦略 (k) により参加者選別のルールを定めた。参加者選別は許可条件と入会条件の2つの条件からなる。許可条件とは，ROSCA のメンバーになることを許可するときの条件である。ある候補者の評判レベルが，ROSCA メンバーの候補者全員の閾値戦略の平均値以上であれば，その候補者は良い評判を持っていると見なされ，メンバーとなる。入会条件とは，ROSCA の候補者が実際にその講のメンバーとなりたいかどうかを判断する時に使う条件である。ROSCA メンバー候補者全員の評判レベルの平均値が，あ

る候補者の閾値戦略以上であれば、その候補者は「この ROSCA 集団の評判は良い」と判断し、ROSCA に入会したいと思うという仮定である。この2つの条件を満たしてはじめてこの候補者は正式な ROSCA のメンバーとなる。

基本モデルに参加者選別ルールが加わる場合の進化シミュレーションの流れを説明する。N 人プレーヤーがいて、m 個の ROSCA があり、プレーヤーはランダムに ROSCA に入る。この時点ではプレーヤーは ROSCA メンバーの候補者だが、先ほど説明した選別ルールにしたがって、ROSCA メンバーの候補者の一部が ROSCA メンバーになり、回転非分割財ゲームを行う。それ以降の設定は基本モデルと同じである。

選別ルールを基本モデルに加味した進化シミュレーションの結果は図 2-1b である。この図より、平均投資確率は基本モデルと比べると若干あがっているが、協力が進化したとは言い難い。執筆者の他の研究において公共財ゲームを用いて、他はほぼ同じ設定で進化シミュレーションを行った。公共財ゲームでメンバー選別を行うと協力は進化したのである (Nakamaru & Yokoyama, 2014)。つまり、理論上では All-for-all 構造と All-for-one 構造では進化ゲームの帰結が異なり、理論上別のモデルとして扱う必要があることがわかった。

●暗黙のルールの導入

なぜ協力戦略は進化しなかったのであろうか。現実の頼母子講には、参加者選別のルール以外にもルールはたくさんあるので、別のルールを加える。この研究では、「資金を受け取る前に出資しなかった人は、資金を受け取る番になった時に資金を受け取れない」という、講を行う人たちの間で暗黙に守られていると思われるルールに着目し、「受領権喪失ルール」と名付ける。このルールは資金を支払わない人への罰の一種と解釈ができる。またこのルールを守るには、受領前に不払いを起こしている人はいないか、お互いの行動を観察する必要があるため、モニタリングによる相互監視が行われていることも含意する。

図 2-1c は基本モデルに受領権喪失ルールを加えたモデルの結果である。受領権喪失ルールの影響をみるために、あえて参加者選別ルールのないモデルとした。q_1 の値はほぼ1となったが、q_2 は低い値のままになっている。これは、受領権喪失ルールにより資金を受け取る前に出資しない人 ($q_1 = 0$) は不利に

なってしまい，$q_1 = 1$ の戦略のプレーヤーのみになったと考えられる。しかし，資金受領後の出資確率については，低いプレーヤーの方が利得は高くなるため，結局はデフォルト戦略（$q_1 = 1, q_2 = 0$）ばかりになった。

図 2-1d は基本モデルに参加者選別のルールと受領権喪失ルールの両方を加えたモデルの結果である。利益率が高い時に，常に出資する協力戦略（$q_1 = 1$, $q_2 = 1$）で集団が占められるようになった。このことから，講のような All-for-one 構造においては，参加者選別のルールに加えて受領権喪失ルールが必要だということが分かった。

●この研究と現実との比較について

今回のモデルでは頼母子講を抽象化し，回転非分割財ゲームと名付けた。このゲームは 1 節でも説明したように，サグデンが提唱した「相互援助ゲーム」と同じ構造である（Sugden, 2004 = 2008）。また，サグデンが相互援助ゲームで着目した制裁ルールは，受領権喪失ルールに当たる。このように執筆者の頼母子講のモデルと相互援助ゲームには多くの共通点がある。相互援助ゲームは 19 世紀から 20 世紀初頭のイングランドの労働者によって運営された共済組合や健康保険組合をモデル化したものであり，このような協同組合運動がドイツに渡り，信用組合が生まれたという（吉原，2013）。つまり，頼母子講の社会シミュレーションは単に頼母子講のためだけのモデルではなく，信用組合や労働組合の研究に繋がるのだ。また，頼母子講は信用組合やグラミン銀行の基となっており（Armendáris & Morduch, 2010），金融システムに関する研究にも繋がることがわかる。

今回の研究は沖縄の模合や日系人の頼母子講の調査研究（辻本，2000；辻本，2006；辻本ら，2007）を基にしてシンプルなモデルを構築した。他の頼母子講や頼母子講に似た構造を持つシステムとの共通点を捉えたモデルになっていると思われる。

実際の頼母子講では，受領権喪失ルールがどの程度あるのか，また，参加者選別はどのようにして行われているのかを知りたいと考えた。しかし，日本における頼母子講の研究や（櫻井，1988；辻本，2000；辻本，2006；辻本ら，2007），海外における ROSCA の調査，理論研究（Geertz, 1962; Ardener, 1964; Basley et al., 1993; Anderson et al., 2009）においては，受領権喪失ルールの有無や参加者選別の詳細については述べられていない。実態を知るためには，現存している頼母子講の参加者にルール等を聞くのが一番である。そこで，どのようなルールがあるのか，シミュレーションで示したことが正しいのか，どのように集団形成を行っているのかを知るため，佐渡島における頼母子講やその他の講についてのルールの聞き取りを行った。

●社会実験としての頼母子講

　見方を変えると，頼母子講そのものが社会実験の産物といえる。古くからのルールは制度を維持させるために皆が知恵を絞って試行錯誤で作り出したものであり，途中で不都合なルールは取捨選択されて，適切なルールが生き残ってきたであろう。あるいは下手なルールを採用し続けた組織はおそらく機能しなくなり，組織が解体したかもしれない。つまり，「進化」の結果，制度やルールが残ったとも考えられる。もちろん，全てのルールが「適応的」という訳ではなく「中立的」に残っているかもしれない。あるいは様々なルールがあるために，ある特定のルールは「非適応的」であっても他のルールとの効果で相殺され，組織運営には影響を与えなかったものもあるだろう。また，数十年前と今では社会の状況が異なるため今の社会からすると機能しないルールもあるとはいえ，温故知新としてわれわれの制度設計のヒントとなるであろう。つまり，実行されているルールを聞き取ることによって，現時点で生き残ったルールを知ることができるのである。また，制度のシミュレーションを行うという観点からもルールを知ることは重要である。

　地域の人間関係や信頼関係，表面には浮かび上がってないが地域の要となっている政治的・経済的なことを調べるというのは調査の専門家でなければ難しい。一方，頼母子講などの相互扶助システムは日常的に行われている慣習であるので，ルールに関しては聞き取りやすいと思われる。また，話し手によって大きく説明内容が変わることもないであろう。以上のことから，調査研究の専門家ではなくてもある頼母子講の構造とそれに伴うルールをある程度聞き取ることができるであろうとの前提のもと調査を行った。

　2013年に新潟県佐渡島で，佐渡に長年住んでおり，地域の頼母子講や相互

扶助の組織に参加している方に，頼母子講やその他の相互扶助のシステムのルールに関して聞き取り調査を行った。特に，進化シミュレーション研究と比較するため，次の3点に着目してインタビューを行った。(1) 誰が誰を助ける仕組みなのか（協力の構造）（表2-1を参照）。(2) どのようなルールにより協力関係を維持しているのか（秩序の維持）。つまり，罰則，監視，受領権喪失ルールなどの存在や影響についての確認。(3) 参加者を選ぶ基準はあるか（参加者選別）。次節にその説明をする。

3. 佐渡島における現代の頼母子講や相互扶助の事例調査 ………

　この節で紹介する佐渡島の頼母子講や相互扶助の仕組みは，集団内での協力を促し，制度を維持するためのルールを持つものである。ゆえに，数世代にわたり維持されてきた。しかし，日本の多くの地域で頼母子講や古くからの相互扶助は廃れつつあり，佐渡島も例外ではなくなっている。銀行，信用組合，信用金庫等の金融機関が頼母子講の役目を担っているというのもあるが，人口減少や高齢化等の社会や経済の変化により，相互扶助の仕組みを維持していくことそのものが問われる状況におかれている。

●福浦地区の会食が主な目的の頼母子講について
　福浦地区は佐渡島の東の玄関口である両津港に近く，加茂湖に面している。この地区に住む高齢の女性より，2013年1月25，26日に情報交換や親睦の機会を目的に同世代の婦人同士が少額の掛金を出し合って行う頼母子講について聞き取りを行った。今と昔ではルールを変えているという。昔の頼母子講は入札を行っていた。そこでまずは昔の頼母子講のルールを紹介する。
　前回に落札した人が次の回の当番になり，頼母子講を開き，掛金の受領者は入札で決めていた。ただし，今までに落札したことのないメンバーが入札をすることができる。この入札方法では基本的には未受領者への配当金（買銭（かいせん））を入札する。興味深い点としては2番手，3番手の札を入れ競り負けた人には，花代という特別な配当が支払われることである。入札を希望する者は買銭を書いて札を入れ，最も買銭が高かった人が落札者になる。この講では参加者が集

まって会食を行うことを前提にしているため，その場で掛金が支払われる。実際の掛金は，掛金より配当（買銭）と特別配当（花代）を引いた額にすることで，落札者から他の参加者へ配当と特別配当が支払われたことになる。特別配当（2番手と3番手の花代）の金額は講を始める際に決められており，入札によって変わることはない。

　以下に例を挙げよう。掛金が5,000円の頼母子講とする。未落札者が買銭を入札し，ある人が買銭50円で落札したとする。入札で2番目に高い買銭で入札した人は掛金5,000円から落札者の買銭（50円）と2番手に払う花代（たとえば，100円）を引いた額である4,850円を実際の掛金として支払う。3番目の人は掛金5,000円から落札者の買銭（50円）と花代の半額を引いた額（50円），つまり4,900円を払う。それ以外の未受領者は5,000円から配当額（50円）を差し引いた4,950円を実際の掛金として落札者に支払う。この講で前回までに落札した人は掛金5,000円を払う。そして落札者はこの掛金の合計額を受領する。最終回の講で受け取る人のみ満額（5,000円×メンバー数）を受領する。辻本（2000）は沖縄の模合を例にして受領額が掛金の満額を下回る取引になる仕組みを「下げ模合」と呼んでいるが，福浦の頼母子講も沖縄の下げ模合と同じである。

　落札が早いほど資金を早く得ることが出来るため，まとまった資金が入用になった場合にはメリットがあるが，早く落札するほど配当金（買銭）を受けとる機会が減るというデメリットがある。一方，後から受け取る人ほど，会合の度に配当金をもらい続けることができる。

　高い配当額を入札する人は，早く資金を受領したい状況にあると考えられるため，惜しくも受領できなかった人への配慮として花代が支払われると解釈できる。もしくは，2番手，3番手の入札者を優遇することで，入札の駆け引きの要素を強めているとも考えられる。

　最近では月に一度，資金の受領者は入札ではなく，あらかじめ受領順を決めた頼母子講を行っている。もしその月に受領したい人がいれば，順番を入れ替えることもあるという。頼母子講を続けている理由は，臨時収入を得られるということもあるが，やはり参加者同士の情報交換と雑談だという。頼母子講を介してお金の関係ができることで，毎月飲食店での会食をする名目と緩やかな

3. 佐渡島における現代の頼母子講や相互扶助の事例調査

義務感が与えられ，その結果数十年にわたり講が続いてきた。世代を超えて地域の人間関係が把握でき，判断に困ることがあっても年上の参加者に相談できたことが，この講に入って良かった点だという。毎月20日の夜に行うと決まっていたが，夜にお年寄りが歩いて帰るのは危ないということで，2012年の秋から20日に近い平日のお昼に行うことになった。すると，平日は仕事等の用があって参加できない人もいる。そういう場合は，人に掛金を託けることになるが，それが続くとその人たちとの付き合いが薄くなる可能性もあるだろうということも指摘していた。頼母子講で掛金を受け取った人が，次回の会食の飲食店の予約をする。また，この頼母子講は親（座元）のいない講である。つまり，2節の進化シミュレーションの仮定に似たモデルになっている。

　この講に加入するには，参加者の推薦が必要になる。ただし，誰が推薦者であっても参加者全員の同意が必要で，新規参加者は皆の目で評価される。脱退する場合は講が一巡してからか，途中で辞める場合は会合に参加しなくても掛金は支払うことになっており，基本的にもらい逃げはできない。現在は，資金融通の意味合いが薄れていることもあり，新規の参加者加入には消極的で，長年親睦を深めてきた参加者で講を続けていきたいとのことであった。では，どのような意思決定や判断基準でメンバーを選んでいるのか，ということについては聞き取りをすることができなかった。

● 小木地区の頼母子講

　小木地区は佐渡島の南西に位置し，江戸時代は金の積出港や北前船の寄港地として船問屋を中心とした町人文化が栄えた。新潟県上越市とつながる南の玄関口であるが，両津港が佐渡島の玄関口となってから，昔の賑いが失われつつある。興味深いことに今日でも，小木地区では商工業者の間で資金を融通し合う頼母子講が行われており，相互金融として銀行や信用金庫の役割を担っている。銀行や信用組合からあえてお金をかりずに頼母子講を行っているというのは興味深い。2013年7月6日，10月27日に聞き取りを行った小木地区の頼母子講は一般的な頼母子講とは異なる構造になっている。これはおそらく大きな資金調達の場合の「効率的」な方法になっているのかもしれない。

　小木地区の頼母子講の概要を結成から解散までの流れで説明しよう。複雑な

システムであるので，まず大枠から説明をする。大きな資金が必要になった人は頼母子講の発起人となる。この発起人は「親」と呼ばれる。そして，親に資金を貸し出す参加者である「子」を集める。親は定期的に子から借りた資金を返済していく。ここまでの説明だけではこの頼母子講は知人からの借金返済の機能しかもたない。しかし興味深いことに，定期的に親が子に返済する際に，子同士による頼母子講が行われるのだ。子の頼母子講では毎回入札によって資金受領者を決め，落札者は親からの返済金と子の掛金をあわせた金額を受領する。

　では次に小木の頼母子講の詳細を説明しよう。頼母子講の発起人である「親」は，これまで自分が加入したことのある講の参加者などから「子」を募る。新しく事業を始めるなどの事業目的，自宅の新築・修繕，自動車の購入などの生活目的や，目的を問わず資金が必要な場合に目標額を定めて講が起こされる。目標額は必要な資金と年間もしくは四半期ごとに返済できる金額，そして集められる子の数（n 人）によって決まる。たとえば，x 円の資金を集める場合に，親は自分の経済状況を勘案して四半期に $y(=x/n)$ 円ずつの返済が可能だとする。この場合，四半期ごとに講を開き y 円を m 年かけて返済することに同意してくれる仲間を n 人集められれば，この頼母子講を始めることが出来る（$x=4ym$）。つまり，『親一回の返済額（y）×親の返済回数（$4m$）＝子一人当たりの貸与金（y）×子の数（n）』となっており，左辺は親の経済状況から右辺は親の交友関係や信頼から定まり，頼母子講には「親の才覚」が必要だと言われている。

　参加者と講金が決まると，親は子を自宅に招き最初の講を開く。頼母子講規約を作成および確認をし（資料1），宴席を設け，親が講金 x 円を受け取る。2回目以降一定額（y 円）を子へ返済する。親は子への返済に際して利子は払わない。つまり，親は無利子で講金を借り受けることができるのだ。これがこの頼母子講の一番の利点であり，他の頼母子講にも見られるルールである（辻本，2000）。頼母子の本来の意味は，困っている親を子が助けるものだと言われる場合があるが，その解釈を用いれば頼母子講の基本的な形式ともいえる。2回目以降は，親の返済金を子が受け取ることに加えて，子同士による頼母子講が始まる。子の頼母子講の掛金を w 円と定めて子全員が支払う（$y \gg w$）。そし

3. 佐渡島における現代の頼母子講や相互扶助の事例調査

資料1　小木の頼母子講規約について

2013年7月6日のインタビューの際にいただいた頼母子講規約を基に忠実に作成した。個人情報保護のため一部の情報は伏せたり，アルファベット表記とした。この資料のアルファベットは本文で用いたものと一致している。なお，$x = ny$，$z = nw + y$ は分かりやすくするために執筆者が加えた。

頼母子講規約		
名　称		本講はA氏の頼母子講と称する。
講　金		本講の口数は n 口とし，1口金額 y 円と定め総額 x 円とする（$x = ny$）。
貸　付		本構の開講を平成○年○月○日に徴収し，無利息にて発起人に貸与する。
掛　金		本講の掛金は2番講より1口の金額を w 円とし，総額 z 円とする（$z = nw + y$）。
返　済		発起人は平成○年○月○日より満講まで金 y 円を n 回返済するものとする。又，2番講以後落札者は次の開講日より満講迄金 w 円を返済するものとする。尚，本講当日発起人，落札者が返済義務を怠りし時は連帯保証人が負うものとする。
期　日		本講の開講日は毎年4回2月5月8月11月の各月23日と定める。
場　所		A氏宅
時　間		○時○分開札。（時間に遅れた入札者は入札の権利を失うものとする。） 尚，日時変更の場合は○日前に事前に連絡する。
通　知		発起人より○日前に事前に通知する。
入　札		毎回当日入札とし，高入札者を落札者とする。 ※入札金額は百円単位で，百円未満は切り捨てとする。 ※同札の場合は当事者の再入札とし，その額を下回らない事とする。
配　当		2番講より買銭は子掛者の落札していない者にのみ配当する。
茶菓料		本講は1回の茶菓料を○円とし，落札者の負担とする。
連帯 保障人		発起人の連帯保証人 ◎○○○氏 ◎○○○氏 ※連帯保証人は○回まで落札する事ができない。 　落札者の連帯保証人は，○○町在住者1名とする。 　尚，現金引き渡しは借用書引換を義務づけるものとする。 ※銭所より落札者の連帯保証人に，電話確認が出来るものとする。
役　員		●銭所　　○○○氏 ●世話人　○○○氏，○○○氏，○○○氏，○○○氏
罰　則		定刻迄に掛金無き場合，清酒（1.8ℓ）を提供するものとする。

63

て入札を行い,落札者が親からの返済金と子の掛金を合わせた受領金 z 円（= $y+nw$ 円）を受け取る。つまり,親の返済金を受け取るだけでなく,子同士で掛金を出し合うことで,相互金融として資金の融通を行っているのである。

2回目以降の子同士の講も親の自宅で行われる。入札に参加する者は,買銭と呼ばれる配当額を記載した札を入れることで応札となる。受領金を落札した際に,その一部を子に分配することになっており,一人当たりの配当が買銭となる。最も買銭の高かった者が受領金を落札し,これまでに受領金を受け取っていない子にのみ買銭を支払う。この入札の仕組みを辻本（2004）は「下げ模合」と呼んでおり,先ほど紹介した福浦の頼母子講にも見られる。入札の仕組みは,早く受領金が欲しい参加者とすぐに資金を必要としない参加者の利害調整の場になっていると考えられる。親ほどではないが何らかの理由でまとまった資金が必要な参加者は,子として頼母子講に加入することで,仲間から資金を借りることができるのである。ただし,受領金を早く借り受けるには,他の参加者に買銭（配当金）を支払う必要がある。たとえば,i 回目の講で q_i 円の買銭で落札した者は,$q_i \times (n+1-i)$ 円を支払って早く受領する権利を購入し,受領金 z 円を受け取ったことになる。i 回目の会合での正味の受領金（z_i）は $z - q_i \times (n+1-i)$ 円となる。なお $n+1-i$ は未落札者の人数になる（$2 \leq i \leq n+1$）。最後の講（$n+1$ 回目の会合）では入札が行われないため,受領者は満額受領（z 円）する。

i 回目に落札した人のこの講を通しての受領金は,$z - q_i \times (n+1-i) + \sum_{2 \leq j < i} q_j$ となる。親の返済期間の最後の方に受領金を受け取る者は,長期間,配当金（買銭）を受け取るため,$q_i \times (n+1-i) < \sum_{2 \leq j < i} q_j$ になることもあり,掛金の総額（z 円）以上の金額を受け取り頼母子講を終える。つまり,このような参加者にとって,頼母子講は資産運用の場となり,参加者のデフォルトや社会・経済状況の変化によって,掛金が回収できなくなるリスクを含んだ上での利益となる。

では,実際の配当額はどの程度になるのだろうか？ 昔は配当金を高くしても落札する者が多く,掛金の10-20％になることもあった。つまり,5万円の掛金にたいして,配当金が1万円である。最近では1-5％になっており,配当額が100円になってしまうこともあるようだ。そうすると,ほぼ満額（z 円）を受け取ることになるが,未落札者でいることの旨味は減ってくる。これは,

3. 佐渡島における現代の頼母子講や相互扶助の事例調査

近年では資金の融通が目的で頼母子講を行っているというより，付き合いで参加している者が増えたからだと言う。また，満講までが長い講は状況の変動が読めないため，もしかしたら借金が返済されない可能性もある。このようにデフォルト・リスクのある頼母子講では，子は早くお金を回収した方が良いと判断すると，配当金を高く設定して入札するようになる。リスクを回避しすぐに落札した人の受領金は低くなるが，後から落札する人は高い配当を受け取ることができ，参加者間でリスクとリターンが調整される。このようにして，親の返済金と子同士の掛金をすべての参加者が受け取ると，頼母子講は解散となる。

親に無利子で資金を貸し出すことと，子同士の資金融通の仕組みを成り立たせるために，この頼母子講にはいくつもの決まりがある。最も重要な決まりは，返済金や掛金の不払いを防ぐために，親に2名，子に1名の連帯保証人を地区内から立てる必要があることだ。複数の保証人を立てることから慣習的に連帯保証人と呼ばれているが，その責任は通常の保証人の範囲を超えない。櫻井(1988)の調査研究でも似たようなシステムが上げられている。保証人は掛金に関する保証のみである。子が落札した後にデフォルト（もらい逃げ）をすることを防ぐために子に連帯保証人をつける。また，頼母子講規約に「落札者は次の開講日より満講迄金 w 円を返済するものとする」と書かれているが，この規約に則り借用書を後述の銭所（ぜんしょ）に渡して初めて，落札したお金を銭所から受け取る。

万が一，掛金の払えない子が生じた時や参加者が期間中に亡くなるなどの不測の事態に対応するために世話人（2名）が置かれる。世話人は地域で信頼のある人がなり，問題を仲裁する役割を持つ。このような決まり事のため，掛金を払えなくなる人が少ないせいか，実質的には世話人が解決をしなければならないようなトラブルはほとんど生じないようである。また，深刻なトラブルがあった時も世話人を中心にして皆で解決するため，裁判などに発展するケースはないという。

また，掛金・受領金の管理をする銭所（1名）と呼ばれる役割を置くことが決められている。世話人，連帯保証人，銭所の中で，実質的に頼母子講の運営に手間をかけるのは銭所である。一方で，掛金を集め，講を開き，買銭を配る

のは親の役割とされ，無利子で資金を借りる代わりに講の運営に必要な仕事を行う。銭所が親の集金したお金を管理し，第三者としてのチェック機能をはたしている。このように親の集金したお金を第三者である銭所が管理を行うことで，公平性が保たれているという。そして，銭所が親の集めた金額が足りない場合などに，世話人が対応する。

親や子が返済できなくなった時は連帯保証人が払うことになるが，そのかわりこの講とは別の新しい講の親にはなれなかったり村八分になったりするようである。実質，保証人が肩代わりする事態になることは，何十年に一回あるかないかという。

規約の罰則では，「頼母子講の掛金を入札の時刻までに支払わない人は，清酒を提供する」となっている（資料1）。この罰則について伺った所，「基本的に会合の前に親が子の掛金を集金するが，人によっては掛金を会合の当日に持参するものもおり，その人が会合をうっかり忘れるなどして遅れた時に掛金を払うと共に罰金として清酒を届ける」とのことだ。会合を忘れていて遅れた場合に対しても軽度の罰則をつけることで，掛金を会合日までに支払うという戒めにしている。

シミュレーションで仮定した受領権喪失ルールに相当するルールとしては，規約の「時間に遅れた入札者は入札の権利を失う」のようである（資料1）。しかし，聞き取りによると，このルールはシミュレーションで仮定した受領権喪失ルールとは異なり，ある会合に遅れた時のみであって，次の講の入札権利までは失わないのだ。というのは，ある時に掛金が支払えなかったために入札する権利そのものを失ってしまうと，子が親に貸したお金（y円）が戻らなくなってしまうからである。小木の頼母子講は親が子から融資を受けた後に，親の借金の返済と子の頼母子講という2つのシステムが同時に行われている。つまり，小木の頼母子講は2つのAll-for-one構造（親への貸し付けと，子の頼母子講）がOne-for-one構造（親の借金返済）で繋がっている複雑なシステムと解釈できる。見方を変えると，単に初回と2回目以降の会合で掛金の異なる頼母子講，つまり1つのAll-for-one構造であるとも解釈できる。いずれにせよ，受領権喪失ルールは存在しようがないのである（これについては4節で議論をする）。

3. 佐渡島における現代の頼母子講や相互扶助の事例調査

　集団における参加者選別の観点から興味深いことは，講を結成する際に親が自身の交友関係や以前参加していた頼母子講の仲間から，子を集めることである。先に頼母子講は「親の才覚」と書いたが，親は講を起こす際に仲間の家を回り，子になってもらえるよう依頼する。一方，依頼を受けるかどうかは子の判断に委ねられている。つまり，この頼母子講の集団は，親と子の垂直的な繋がりにより成り立っており，子同士の横の繋がりは意識されず，最初の講が開かれるまで誰が参加者なのか，親以外はすべてを知らない場合もあるということだ。そのため，子の中には信頼関係のない人もいる。それでいて，2回目以降の講では子同士が資金の融通を行うのである。親が子に最も助けられる立場にありながら，親の信頼を媒介にして子同士が互恵関係を結ぶという集団形成が行われていると解釈できる。ただ，子全員が毎回会合に参加する訳でもなく，一度落札した人は掛金を支払うだけで会合には参加しないこともあるため，子の頼母子講を維持する上での必要な範囲での互恵関係は成り立っている。どうも，連帯保証人，世話人，銭所の存在がデフォルトをさせないために重要な役割を担っているようである。

　今回の聞き取りではどのような人を信用できる人とみなして子になってもらうように依頼をするのか，親になる人の才覚をどのように見極めるのかについては上手く聞き取ることができなかった。

　実社会で利用されている頼母子講は，シミュレーションで示したように輪番で一人の参加者に掛金を出し合うという相互扶助の基本的な仕組みを持ちながらも，入札制度や連帯保証人などいくつかの仕組みが付加されて利便性・安全性を高めている。また，掛金を支払わなければ地域での信頼が大きく損なわれるため，どうあっても掛金を用立てる規範があるとの証言も得られた。また，シミュレーションでは考慮されていない資金を集める作業や落札者を決める場所の提供が親の費用負担であることも分かった。そして，集団形成に際して，シミュレーションでは単純化のためもあり，参加者は集団の評判（他の参加者の評判の平均値）を基準に加入を判断し，集団は参加者の評判をもとにそれを許可するというルールを仮定した。つまりわざと座元や発起人のようなリーダーを仮定しなかった。しかし，沖縄の模合（辻本，2000）や今回の小木の頼母子講では，親が交友関係と子の評判をもとに参加を依頼し，子は親の評判や自

身の経済状況を勘案し参加を承諾するという，集団の評判や基準を親が代表するとも見て取れる仕組みになっている。これは親に金銭的な援助をすることを第一とするこの頼母子講の目的に由来するものであるが，親を中心に他の参加者がつながっているこのルールのもとでも頼母子講が安定的に運営されるのか，シミュレーションにより改めて検証できればと考えている。

　そもそもなぜ，親の借金にあわせて子同士で頼母子講を行うのだろうか。他人に貸した借金返済のついでに自分も毎回の掛金の支払いをするような金銭的な制約を受けるというのは，経済的に合理的な行動とは言い難い。一方で，頼母子講には入札によって親からの返済を受け取る人を決める役割もある。借金を早く返してもらうためには入札額を高くしなければならない。つまりお金を余計に払わなければならない。しかし，後からお金を返してもらう場合は子の頼母子講による配当金がもらえるが，この配当金は親からうけとる利子に代わる物とも解釈ができる。

　頼母子講が最終回まで問題なく運営されれば，頼母子講は良いこと尽くしである。途中で掛金の支払いが滞り連帯保証人と一悶着あった人もいるかも知れないが，そのようなことを聞き取ることはできなかった。また，途中で上手くいかなくなる頼母子講もあるようだが，これに関しても明確な証言をえることはできなかった。頼母子講の支払いが滞れば地域での信頼を大きく損ない，いわゆる「村八分」になる可能性についての意見もあったが，具体的な事例を聞くことができなかった。

● その他の相互扶助について

　佐渡島には頼母子講の他にも多様な相互扶助の仕組みが残されている。聞き取り調査で得られた内容はその極一部に過ぎないが，興味深いことに表2-1のOne-for-all構造が多く，一例のみAll for all構造であった。補遺に相互扶助の形態を紹介する。

4. 聞き取り調査と進化シミュレーションから

●全体のまとめ

本章では、まずは表2-1のように、集団における協力において誰が誰を助けるのかという観点からAll-for-all構造、All-for-one構造、One-for-all構造、One-for-one構造の四分類を行った。公共財ゲームは集団における協力行動の社会的ジレンマを表したモデルとしてよく使われているが、これはAll-for-all構造である。また、集団の2人のプレーヤーが囚人のジレンマゲームを行い、ゲームの相手を順次変えていく状況はOne-for-one構造にあたり、これも研究が進んでいる。All-for-one構造、One-for-all構造はあまり研究が進んでいるとは言い難い。そこで、All-for-one構造である頼母子講（ROSCA）について、辻本の模合や頼母子講の詳細な参与観察研究（辻本, 2000；辻本, 2006；辻本ら, 2007）を基にして、All-for-one構造をもつ回転非分割財ゲームを作り、進化シミュレーションを行った。図2-1にもあるように、回転非分割財ゲームでは、参加者選別に加えて、受領権喪失ルールがあると協力が維持されることを示した。

●聞き取り調査と進化シミュレーション結果との比較

辻本等の参与観察研究においても面識関係による参加者選別の仕組みに言及しているが、受領権喪失ルールについては参与観察からは存在するのかどうかは分からないという。沖縄では「模合帳」という模合を記録するための帳面が文具屋等で販売されており、その中の模合規約第七条に「入札時間は〇〇時迄とす　入金なきものは入札権利を失う」という記載がある。これをモデルに当てはめて解釈すると、Koike et al. (2010) では受領前（つまり入札前）の出資率（q_1）が$q_1=0$である戦略と$q_1=1$の戦略を仮定していたが、$q_1=0$の戦略では常に入金をしなくなるため、模合規約第七条に依れば入札権利がないといえる。入札できなければ資金を受領できないため、その意味では模合規約第七条は受領権喪失ルールになっている。もう少し、Koike et al. (2010) の仮定を詳細に検討しよう。受領者が自身で支払った掛金に利息がつき、受領金として戻って

くるという仮定を避けるため，仮にAさんが t 回目の会合で受領者として選ばれた場合にはAさんはあえて掛金を支払わないという仮定になっている。このため，t 回目の会合においてAは支払いをしたことで受領する権利を持つという設定にはなっていない。今回の聞き取り調査から，掛金を支払った人の中から受領者を決めるという仮定に変更したほうが良いだろう。その上で，自分で支払ったお金に利息がついて自分に戻ってくるという仮定を避けるように利得を設定することも可能である。

また，モデルでは，平均的に評判の良いグループに加入し，グループメンバーがそれぞれ持っている判断基準の平均値を基にして評判の良い人をメンバーとして承認するというような意思決定を仮定した。しかし，実際には，面識関係を用いてどのような意思決定のもとにメンバーを選別しているのかは明らかではない。

そこで，協力の構造や受領権喪失ルール，参加者選別ルールに着目しつつ，佐渡島の頼母子講や相互扶助を目的とした慣習のルールの聞き取りを行った。頼母子講のような All-for-one 構造の講に加えて，One-for-all 構造をもつ多くの講や，One-for-all 構造と One-for-all 構造が2重になっているタイプである念仏講，All-for-all 構造になっている道普請（補遺を参照）があることが明らかになった。我々のインタビューで確認できた講は全体のごく一部でしかないため，一般的な結論に至るには更に多くの事例を集める必要がある。

福浦の会食と懇親が目的の頼母子講では，メンバー全員の合意がないと新しい人をメンバーとして迎えないということが分かった。ただ，どのような判断基準で選別しているのかまでは聞き取ることができなかった。受領権喪失ルールについてはその有無を確認できなかったが，会食が目的の頼母子講であるにも関わらず会合に出席できない場合は掛金を他の参加者に預ける習慣があることなどから，掛金の不払いや延滞を起こさないルールが参加者に共有されていると考えられる。

小木の頼母子講では，メンバーは親の信頼関係をもとに集めることは分かったが，その判断基準を明確にすることはできなかった。シミュレーションで仮定した受領権喪失ルールは存在せず，単にその会合に定刻までに来なかった人はその会合で入札する権利がないだけである。ある会合において規約通りに掛

金を支払わなかった人は，その後も入札できないのかは規約には書かれていないが，おそらく，先ほどの模合規約第七条と同じような議論になるだろう。これより，「一度でも受領前に掛金を支払わなかった人は資金を受け取れない」という受領権喪失ルールよりは，「ある会合で掛金を支払わない人は，その会合で資金を受け取る権利がない」とした方が実例に即していることが分かった。

　One-for-all 構造の講では，念仏講（補遺を参照）のようにメンバーを選ぶ講もあるが，多くの講は集落の人なら基本的には誰でも参加ができるようになっている。つまり，All-for-one 構造の頼母子講のようにメンバーの取捨選択をしないのだ。また，One-for-all 構造での受領権喪失ルールにあたるルールとしては，おそらく「自分が皆のために協力をしなければならない時に，実際は協力をしない人は，次からの会合で協力からの利益を受けることはできない」というルールになるだろう。All-for-one 構造は一人ぐらい協力をしなくても会合は開催できる。一方で，One-for-all 構造で協力しない場合は，会合が開催できなくなり皆が大損をするという大問題が生じる。たとえば，学会の年次大会の主催校がもし何も学会準備をしなかったとしたらどうなるかを想像すればわかりやすい。つまりこのような構造においては All-for-one 構造以上に協力しなかったときのダメージも大きく，評判も非常に悪くなるであろう。One-for-all 構造では他の構造に比べて協力が維持されやすいのかもしれない。One-for-all 構造の進化シミュレーションを行い，All-for-one 構造との比較を行う予定である。

●オストロムの「コモンズの長期存続のための8条件」との比較

　オストロム（1990）は，「コモンズの長期存続のための8条件」という概念を提示した。ここでのコモンズは，たとえば井上・宮内（2001）の定義である「自然資源の共同管理制度，および共同管理の対象である資源そのもの」を指している。道普請以外の講はこのコモンズの定義には当てはまらない。自然資源のみではなく社会・経済的な資源（社会ネットワークや信頼，資金）も含むような定義とすれば，オストロム（1990）の「コモンズの長期存続のための8条件」を講が満たしているかどうかを議論しても意味があるだろう。この8条件とは，(1) Clearly defined boundaries（コモンズの境界が明確に定義されている），(2)

Congruence between appropriation and provision rules and local conditions（ルールが実情にあっている），(3) Collective-choice arrangements（参加者の多くが，ルールの更新や修正に参加できるかどうか），(4) Monitoring（監視），(5) Graduated sanctions（段階的な罰），(6) Conflict-resolution mechanisms（紛争解決のメカニズムの存在），(7) Minimal recognition of rights to organize（コモンズを管理する権利が外部からの影響を受けない事），(8) Nested enterprises（for CPRs that are parts of larger systems）（大きなシステムの一部になっている場合においての，組織の多層性）である。小木の頼母子講は長期存続してきた講であるが，8つの条件を含んでいるだろうか。参加者や連帯保証人などはすべてその地区の人であるのが原則であるので (1) を満たす。連帯保証人のお陰で万が一，本人が支払いのできない状況になっても掛金の不払いにより他の参加者が被害を受けずに済むことや，入札で自分の受け取るタイミングを調整することができることは，ルールが実情に即しており，(2) にあたる。第一回目の講で規約の確認を行っていることから (3) を満たす。地区の住民のみで講を行うことでモニタリングが可能となることから (4) を満たす。掛金不払い等の規約違反や参加者間のもめごとに対処するのが世話人の役割になるが，世話人が問題行動の量や質に応じて対応していると考えれば (5) も満たすことになる。世話人をおくことが (6) にあたる。頼母子講は私的な組織であり古くから慣習として存在しているため，他の地域住民や行政からの制約は基本的に受けないため (7) を満たす。(8) については大きなシステムの一部ではないため，満たしてはいない。頼母子講は長期に渡って行われてきただけあり，オストロム (1990) の「コモンズの長期存続のための8条件」がほぼ揃っているようだ。

　3節や補遺の今も行われている講については (1) から (4) は当てはまっているようだ。多くの講では (5) の段階的罰に当てはまるルールを聞くことができなかったが，過去の支払い状況に応じて参加者の選別をしているとすれば，頼母子講からの排除によって段階的な罰が実行されていると考えられる。(6) についても，頼母子講に付随したルールとしてどのようなものがあるか，明確にすることはできなかったが，座元や世話人といった他の参加者より大きな責任を負った者が紛争解決の担い手であることは分かった。小さい講であれば

(8) はないと思われる。長く存続しなかった講についての資料があれば，講についてもオストロムの8条件がどの程度必要なのかを議論できるが，衰退した講についてはインタビュー調査では曖昧な情報しか得られなかったため，今回は検証ができなかった。

● 聞き取り調査の限界と他の研究手法による相互補完

佐渡島の頼母子講に関する聞き取りで明らかになったことを3節にまとめた。フリーライダーの存在やデフォルトへの対処方法や罰則についての聞き取りはできなかった。システムが効果的なためにフリーライダーがあまり生じないのかもしれないが，それに関しての見極めができるほどに調査を十分しているとは言い難い。また，質問をしてみたところ，どちらかというとそのような話題には触れて欲しくないとの印象を受けた。また，そもそもメンバーを選別するための意思決定は当の本人の意識にものぼっていないのかもしれない。排除されてしまった人との人間関係もあり，聞き取りで知ることは難しいかもしれない。調査者対象者との信頼関係が構築されていれば，逸脱者や罰に関する情報が得られやすいとも考えられるが，聞き取り調査だけではブラックボックスのままになる可能性もある。そこで，ブラックボックスを明らかにするための対応策は，被験者による社会科学実験や社会シミュレーションになるであろう。たとえば，Nakamaru & Yokoyama（2014）では進化シミュレーションを用いて集団における参加と排除に関して，評判をもとにした意思決定が協力の維持に及ぼす影響についての研究を行っている。Nakamaru & Yokoyama（2014）では，グループのメンバー全員から参加許可が出ない限りは参加できないとする判断基準において，協力が最も維持されやすいことを示した。これはまさに，福浦地区での婦人の頼母子講での参加者の選別方法，つまり「誰が推薦者であっても参加者全員の同意が必要で，新規参加者は皆の目で評価される」ということを理論的に裏付けている。そしてこれは，集団においてある事柄を決定する時の「全員一致規則」に関する研究へと繋がっていくことになる（亀田，1997）。つまり，今回の研究を基にして集団的意思決定の研究に繋げていくことが可能である。

Koike *et al.*（投稿準備中）では，2節で紹介したKoike *et al.*（2010）の進化

シミュレーションをもとに被験者を用いた実験を行い，ROSCA を一般化したシステムにおける選別ルールや受領権喪失ルールの影響を調べている。

●聞き取り調査からの発見

今回の聞き取り調査を通して分かったことは，佐渡島においても重要なのは，フリーライダー問題よりも，少子高齢化や人口減少により，相互扶助のシステムを担う人が少なくなっていることだ。社会の変化の例としては，葬式はセレモニーホールのような施設で業者に委託して行うことも多くなっているため，念仏講の必要性が薄れている等である。最近では，相互扶助の当事者による費用負担と利益分配という枠組みを超えて，外部の人々からボランティアや支援を受け費用負担を軽減する，新たな相互扶助の取組が行われている（桑子，2013）。

今回の聞き取り調査での興味深い点としては，インタビューを受けた人たちが，小木地区は船問屋が移り住んで大きくなってきた経緯があり，近年でも太鼓芸能集団「鼓童」の人たちが小木を中心に活動するなど外部の人に対してオープンだが，岩首地区（補遺を参照）では棚田を中心にした農村であるためか地域内の人間関係は濃いが，よそ者を閉め出す傾向にあると話していたことである。そして，岩首では頼母子講は廃れてしまったが，小木では現在も行われている。日本の地域内の人々の信頼については「集団内部で安心と相互協力を追求する集団主義的な安心社会」として説明されており（山岸，1998；山岸・吉開，2009），頼母子講も安心社会という側面から説明が可能である。パットナムによると農村共同体を例に皆が皆を知っており信頼できるような状況において ROSCA が成り立つといい（Putnam，1993＝2001），「安心社会」と同じ議論である。

Grief（2006＝2009）や山岸・吉開（2009）によるとマグリブ商人は「安心社会」，ジェノヴァ商人は何らかの司法制度を確立させて外部の人間とも取引を行う「信頼社会」であった。小木地区は商人の町であるが，どちらの社会だったかはわからない。仮に小木商人がマグリブ商人のように安心社会であったとすると，「安心社会」の枠組みでは小木と岩首の違いは説明できないことになる。いったい何が原因でその違いが生じているのかはとても興味深い。ただ，

先行研究と小木・岩首の比較との関連性を述べたが，小木地区と岩首地区の比較がどの程度一般的なのかは不明である。信頼性に関するアンケート調査や被験者による実験等を行うことで始めて解明されるかもしれない。

　しかし，日本全体を見ると頼母子講が廃れてしまった地域の方が多く，小木地区のように銀行からはあえて借りず，資金調達を目的に頼母子講が行われている事例はまれである。つまり小木地区の頼母子講が存続しているというのは単なる偶然で例外なのかもしれない。一方で，安心社会や信頼社会という概念で説明がつくのか，それとも他の要因で説明がつくのかは分からない。小木地区を調べることによって信頼性に関する一般的な知見が得られるのかは分からないが，少なくとも，現代の先進国において All-for-one 型の相互扶助組織を設計する際に参考になるだろう。

参考文献

Armendáris, B., & Morduch, J. (2010). *The economics of microfinance*. Massachusetts: The MIT Press.

Anderson, S., Baland, J.M., & Moene, O.K. (2009). Enforcement in informal saving groups. *Journal of Development Economics*, **90**, 14-23.

Ardener, S. (1964). The comparative study of rotating credit associations. *Journal of the Royal Anthropological Institute of Great Britain and Ireland*, **94**, 201-229.

Besley, T., Coate, S., & Loury, G. (1993). The economics of rotating savings and credit associations. *American Economic Review*, **83**, 792-810.

Boyd, R., & Richerson, P. J. (1988). The evolution of reciprocity in sizable groups. *Journal of Theoretical Biology*, **132**, 337-356.

Coleman, J. S. (1990). *Foundations of Social Theory*. Cambridge: Belknap/Harvard University Press.（コールマン・J・S　久慈利武（監訳）(2004)．社会理論の基礎　青木書店）

Diekmann, A. (1985). Volunteer's dilemma. *Journal of Conflict Resolution*, **29**, 605-610.

Geertz, C. (1962). The rotating credit association: a "middle rung" in development. *Economic Development and Cultural Change*, **10**, 241-263.

Greif, A. (2006). *Institutions and the path to the modern economy, Lessens from medieval trade*. Cambridge: Cambridge University Press（グライフ・A　岡崎哲二・神取道宏（監訳）(2009)．比較歴史制度分析　NTT出版）

井上真・宮内泰介（編）(2001)．コモンズの社会学　新曜社．

Koike, S., Nakamaru, M., & Tsujimoto, M. (2010). Evolution of cooperation in rotating indivisible goods game. *Journal of theoretical biology*, **264**, 143-153.

亀田達也（1997）．合議の知を求めて：グループの意思決定　共立出版．
桑子敏雄（2013）．「ふるさと見分け・ふるさと磨き」の地域づくり　認知症ケア事例ジャーナル, **6**, 289-297.
Nakamaru, M., & Yokoyama, A. (2014). The effect of ostracism and optional participation on the evolution of cooperation in the voluntary public goods game. *PLoS ONE*, **9**, e108423.
西部忠（編）（2013）．地域通貨　ミネルヴァ書房．
Nowak, M. A., & Sigmund, K. (1998). Evolution of indirect reciprocity by image scoring. *Nature*, **393**, 573-577.
Ostrom, E. (1990). *Governing the commons*. Cambridge: Cambridge University Press.
Putnam, R. D. (1993). *Making Democracy Work: Civic Traditions in Modern Italy*. Princeton: Princeton University Press.（パットナム・R・D　河田潤一（訳）（2001）．哲学する民主主義：伝統と改革の市民的構造　NTT 出版）
櫻井徳太郎（1988）．櫻井徳太郎著作集 1　講集団の研究　吉川弘文館．
Sugden, R. (2004). *The economic of rights, co-operation and welfare*, 2nd edition. London: Palgrave Macmillan.（サグデン・R　友野典男（訳）（2008）．慣習と秩序の経済学　日本評論社）
辻本昌弘（2000）．移民の経済的適応戦略と一般交換による協力行動：ブエノスアイレスにおける日系人の経済的講集団　社会心理学研究, 16, 50-63.
辻本昌弘（2006）．アルゼンチンにおける日系人の頼母子講：一般交換による経済的適応戦略　質的心理学研究, **5**, 165-179.
辻本昌弘・國吉美也子・與久田巌（2007）．沖縄の講集団にみる交換の生成　社会心理学研究, **23**, 162-172.
吉原毅（2013）．信用金庫の力　岩波書店．
山岸俊男（1998）．信頼の構造　東京大学出版会．
山岸俊男・吉開範章（2009）．ネット評判社会　NTT 出版．

補　遺

　佐渡南部の前浜にある岩首地区は，海岸沿いから旧岩首小学校を中心に60軒ほどの集落からなり，住民の多くが山沿いの棚田で農業を営んでいる。棚田から海岸を望む景観は佐渡島の絶景の一つであり，2011年には日本初の世界農業遺産に登録された。農業と海産物の生産を中心として，集落全体での相互扶助が今も残っている。その一つが「夜番」と呼ばれる防犯・火の用心を目的とした見回りだ。毎晩，集落の隣同士の二世帯から1名ずつ当番を出し集落全体の見回りを行う。当番2名が見回りをすることで不測の事態に備えるとともに，集落全体の状況把握や当番同士の情報交換の機会として役立っている。当番は高齢者等を除き全世帯が交代で行う。これは防犯や防火という目的上，非加入者を便益から排除することができないため，全世帯参加の決まりがあると考えられる。その一方で，他の用事で集落にいない場合など当番を休むには，翌日以降の当番と交代すれば良いことになっている。頼母子講において「どうあっても掛金を期日までに用立てるという規範」に比べると，緩やかな規範によって仕組みが維持されているようである。

　夜番の仕組みは，毎回一人が費用を負担して，そこから全員が利益を得るOne-for-all構造だ。費用負担に関して，頼母子講は金銭の負担，夜番は1時間程度の時間の提供という負担の程度に大きな差があるが，費用負担をしない場合の対応とその補償に関する規範に違いがあることは興味深い。集団間の協力において逸脱に対する規範の違いは，負担の程度によるものなのか，それとも相互扶助の形態が違うことに由来するのか，シミュレーション・モデルを用いた検証で明らかにしたい。

　岩首地区では，年に2回，雪解け後の4月上旬と，稲刈り前の8月下旬に棚田につながる農道の整備や草刈り行う。これは「道普請」と呼ばれている。集落全体で一度に作業を行い，そこから皆が便益を得る形の相互扶助であり，表2-1のAll-for-all構造になる。この作業には普段集落にいない人も参加するが，基本的に集落の全世帯が参加対象になる。居住者でこの作業に参加できない場

合は，他の村仕事と合わせて帳簿に記録され，区長の管理により半年に一度清算がなされる。道普請などに参加できなかったことで作業日数が基準よりも少ない場合は，日当として男性は4,500円，女性は4,000円を集落に支払う。そして，代わりに作業を行った者はその日当を受け取るという形で，集落を介して作業量を清算する。これは作業に参加できなかったことへの罰ではなく，長期的に作業量を融通しあうことを前提に労力を日当で代用するシステムになっているのだ。日当を受け取った人でも翌年は，日当を支払う場合もあり，お互いの負担金を増やさないために，日当は通常の時給よりも低く設定されている。しかし，長期的には均一化される可能性があっても，半年に一度作業量の過多を調整する仕組みを持っていることは，秩序維持の観点から興味深い。先ほどの夜番と比較して，同じ集落全体の相互扶助の仕組みであってもそれを維持するためのルールが異なっていることが分かる。問題は，本当に都合があって参加できないのか，参加しないのか（フリーライダー）は区別がつかない点である。日当はコストのかかるシグナル，つまり自分は非協力ではないことを示すものになるかもしれないが，労力をお金で代用すれば良いシステムを悪用されると，数名で作業をこなさなければならなくなる。作業も手伝わず，お金の払いもしない人が一番問題である。作業をせずにお金で済まそうとする人や全く何もしない人はほとんどいないのかもしれないが，そのような人たちへの対応については聞き取ることができなかった。

　近年では住民の高齢化が大きな問題になっている。先に紹介した道普請や夜番では，高齢化等により役務を担う人が減るごとに一人当たりの作業量が増えてしまうため，相互扶助の仕組みを維持することが，将来更に困難になる。また，岩首地区の生産の中心である棚田についても，高齢により耕作を続けられない人が増え，長い水路や斜面の整備が必要な構造上，棚田を維持する生産者一人に係る負担が以前よりも増えている。

　道普請以外にも農業関係では江番（えばん）がある。これは田の水路管理の当番であり，基盤整備事業の前では水路の修繕や江合田の管理を行っていた。山からのわき水をそのまま田へ引き入れてしまうと冷たすぎるため，まずは江合田に水を入れて温めてから，田へ水を流していたのである。One-for-all 構造であるが，江番については残念ながらこれ以上のことは聞き取れず，詳細のルールを捉え

ることができなかった。

　岩首地区での現存する講としては神明講(しんめいこう)がある。昔は年3回行われていたが，今は11月11日，2月11日に行われている。まず，くじで当番を決める。昭和30-40年頃までは当番の家で宗教儀式を行い，その後に会食が行われた。時代が変わると，参加者の自宅ではなくて旅館や飲食店などの他の場所で行っていたという。昔は講に参加して宴会をすることが大きな楽しみであったが，その分，宴会の準備をする当番の負担が大きくなり，生活の苦しい参加者が講を抜けてしまうこともあった。これはOne-for-all構造になっていた。今は会費制としてお寺での会食を行っており，All-for-all構造に近い構造になっている。岩首地区では頼母子講は「たのむし」と読ばれていたが，おそらく昭和47年以降は行われていないこともあり，詳細のルールは不明である。

　福浦地区は住宅と商店が並ぶ開けた地域である。ここには「念仏講(ねんぶつこう)」と呼ばれる講の中で相互扶助の仕組みが続いている。「福浦新組　念佛講縁起」に「昭和初期に福浦地区の10世帯が集まり，冠婚葬祭を始め相互扶助と親睦を目的として念仏講を結縁した」と記されており（資料2，図2-2），参加世帯が子や孫の世代となった今でも発足時の精神が受け継がれている。念仏講は2重構造になっており，まずは毎年寒中に行う念仏講を説明しよう。参加者は当番の家に集まり，最初に米，塩，神酒を並べ，太鼓を叩き，念仏をしながら鐘を叩く。厄年の人がいると，太鼓を叩いて念仏を上げて厄払いをする。そして，皆での会食になる。当番は地区内の参加世帯を左回りに毎年交代することになっている。ただ，実際には当番は融通を利かせており，念仏講の時に次回の当番を決めていたようである。たとえば厄払いをしたい人がいると輪番での当番ではなくても当番になれたようである。これは皆のために当番の家が手間ひまをかけて会食を開くというOne-for-all構造となっている。

　念仏講のもう一つの役割としては，冠婚葬祭，特に葬儀に際しては念仏講の参加者（同業(どうぎょう)と呼ぶ）を中心に取り仕切ることとなっており，不幸のあった家の負担を極力減らすように配慮がなされる。その場合でも，念仏講を中心とした近隣世帯が葬儀を取り仕切るか，親戚が取り仕切るかで役割分担に苦慮する例もあった。福浦地区の念仏講では，困っている人を皆で助けるという点でAll-for-one構造になっている。皆が一人の便益のために費用を負担するのだ。

第 2 章　集団における協力の構造と協力維持のためのルール

資料 2　福浦新組　念佛講縁起

2013 年 1 月 26 日のインタビューの際にいただいた福浦新組念佛講縁起を基に忠実に作成した。個人情報保護のため一部の情報は伏せた。△△は集落名，○○は氏名にあたる。注釈 (1) の「消調」は，おそらく「消帳」(帳面が紛失したという意味) の書き間違いと思われる。

福浦新組　念佛講縁起

昭和の初期，同士相寄り協議の結果，各家の冠婚葬祭を始め相互扶助と親睦を目的として家内安全・商売繁昌を祈念し念佛成就を計る為に念仏講を結縁した　合掌

　　　　　講中名簿（当時）
　△△　○○　○○　　　　　△△　○○　○○
　△△　○○　○○　　　　　△△　○○　○○
　△△　○○　○○　　　　　△△　○○　○○
　△△　○○　○○　　　　　△△　○○　○○
　△△　○○　○○　　　　　△△　○○　○○

　　　　昭和□□年　太鼓　新調　　　　　以上 10 名

其の後　消調[(1)]　変遷を経て，△△の○○氏と○○氏の四名が都合で離脱し新に昭和□□年の後期，次の四氏の加盟を得，現在に至れり
　　　　○○　○○　　　　　　○○　○○
　　　　○○　○○　　　　　　○○　○○

◇　昭和□□年□月現在　名簿
　　　　○○　○○　　　　　　○○　○○
　　　　○○　○○　　　　　　○○　○○
　　　　○○　○○　　　　　　○○　○○
　　　　○○　○○　　　　　　○○　○○
　　　　○○　○○　　　　　　○○　○○　以上 10 名

＊今年より会費 1 人○円と決める。年当番者は縁起帳を大切に翌年まで保存すること。

◇　平成□□年□月　　○○　○○　都合により脱退
◇　平成□□年□月　　○○　○○　都合により脱退
◇　平成□□年□月　　念仏講を出来るだけ簡素化（改善マニュアル作成）し，継続する。一順後に見直しをすること。
◇　平成□□年□月　　生活環境の変化に伴い，本念仏講を今後どのようにしていくのか　各家　原則二名出席し，協議する。

> 確認事項　1．本念仏講縁起は今後も継続する。但し，脱退は任意とし，事前に年当番講に届けること。
> なお，葬儀の手伝いは，今後，原則1人とするが該当家の意向を優先する。
> 2．百万遍の運営は平成□□年に取り決めた事項を遵守し，料理の比べ合いにならないようにする。

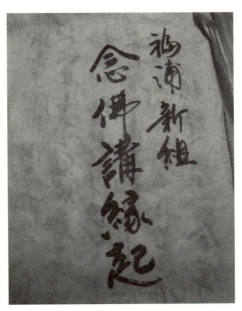

図2-2　福浦新組　念佛講縁起の写真

しかし，頼母子講で資金を受取る者は入札やくじ引きで決まるのに対して，葬儀等は予期せず起こるため，助力の機会が参加世帯で平等に分配されるわけではない。いつ自分が他の参加者に助けてもらうか分からないからこそ，助力を怠ることなく，協力関係が続いていると考えることができる。これはサグデン（2004＝2008）の相互援助ゲームと同じ仕組みである。

　以上から分かるように，念仏講は One-for-all 構造と All-for-one 構造の2重構造となっている。定期的な会合は One-for-all 構造になっていて，親睦を

図り仲間意識の確認の場となる。そして，不慮の事態に対してはAll-for-one構造のシステムで仲間を助けるのだ。

　念仏講の集団形成に関して，発足時の10世帯から数世帯の加入・離脱があったが，おおむね10世帯の規模が維持されてきた。念仏講はその本来の意味において同じ宗派の人たちで組織させる場合もあるが，そうではない場合もある。また，加入に際しては既存の参加者の合意が必要であり，必ずしも希望があれば加入できるわけではない。一方で，念仏講に加入していることが地域の信頼にもつながり，また，ある特定の念仏講に加入していることはステータスになっていることもあった。近年では社会の風潮に合わせて「脱退は任意とし，事前に年当番講に届けること」とされている（資料2）。

　10世帯という規模については，念仏講の目的が冠婚葬祭の相互扶助，特に葬儀の手伝いにおかれていることに由来すると執筆者は考えている。1世帯の冠婚葬祭に際して，必要以上に手伝いが多くても準備が捗るわけではなく，反対に加入世帯が多ければ，それだけ手伝いの機会も増えてしまうため集団における協力の効率が悪くなる。10世帯程度というのが親睦を深め相互扶助を行うのに適切な人数であったと考えられる。

　資料2にもあるように，脱退ルールだけではなく，葬儀の手伝いや念仏講そのものの簡素化など，他のルールもその時々の社会状況に合わせて変更されてきた。ルールを時勢に合わせていくということは古くからの慣習を続けていくためには必要な要素であり，興味深い。

　福浦地区のある旧両津市の他の講も紹介しよう。旧両津市の和菓子屋を中心とした商店10軒ほどが古峯講（こうばらこう）と呼ばれる講を行っていた。これは，和菓子屋等の商店が調理に火を使う事業者であることに由来し，火の用心と情報交換のために会員の店に集まり，神事と飲食を行う。毎年1回輪番で懇親の場を提供していた。一人3,000円を会費とし，そのうち1,000円を積み立てしていたという。それとは別に，毎年6月第一日曜日に，会員の有志で栃木県にある古峯（ふるみね）神社へ参拝旅行をするという。古峯神社は日本武尊を祭神とし，防火の神様としても知られている。

　以上の福浦の例では，一家族が数種類のOne-for-all構造の講に加入して，輪番で当番が回ってくると仲間の世話をしつつ，仲間との懇親をして人との繋

がりを保ってきていたことが分かる。時代の流れもあり，今では廃れてしまったものも多い。

第3章　規範はどのように実効化されるのか
──実験的検討

1. はじめに──規範，社会的ジレンマ，実効化

　社会には，様々な規範が存在する。我々は，規範と言われると，選挙の日には投票に行くこと，友人の結婚式にお祝いを贈ること，電車の中で重い荷物を持っているお年寄りがいたら席を譲ること，などを思い浮かべるだろう。規範は社会の秩序を成り立たせるうえで重要な役割を果たすため，これまで社会科学の様々な分野で研究されてきた。そのため，規範の定義もまちまちであるが，本章では最もよく用いられている一般的な定義の一つである，規範とは「～すべきである」という行動ルールであるという定義を採用する。

　単に多くの人々が同じ行動を取っているというだけでは，それは規範とは呼ばれない。規範であるためには，人々がそれに従うべきであると思っていること，そこから逸脱すべきではないと思っていることが必要である。たとえば筆者らは，授業中に発言を求めて挙手する際，ほとんどの学生は右手を挙げることに気づいたが，左手を挙げても何ら問題はない。誰かが左手を挙げている学生に対して文句を言ったり，無理矢理右手を挙げさせたりするようなことはないのである。これに対し，貸し切りバスで部活の合宿へ向かう時，学生は集合時間に遅れないようにするだろう。遅れるとみんなの迷惑になるので，そのような行動はすべきではないのである。したがって，挙手の際に右手を挙げるというのは規範ではないが，集合時間を守るというのは規範であると考えられる。

　本章では，このように，皆が従うべき行動基準としての規範を扱うが，これが重要なのは，社会の成立のために，特に相互協力の達成・維持にとって，規範は決定的に重要な意味を持つからである。相互協力問題は，集団全体の利益とその集団に属する各個人の利益との間に葛藤がある状態で存在する。そのような状況では，個人が自己利益を最大化しようとすると，集団全体では不利益

が生じてしまうため，集団全体での利益を最大化することが困難なのである。このような状況の最も有名な例の一つは，共有地の悲劇である（e.g., Hardin, 1968）。ある村の共有地として牧草地があるとする。村人一人一人にとっては，自分の羊に草を食べさせることが自己利益にかなう。しかし，全員ができるだけ多くの羊を飼い，できるだけ多くの羊に草を食べさせると，その共有地は荒れはててしまい，牧羊そのものが村全体で成り立たなくなってしまう。ここでの問題は，他の村人が羊を何頭飼おうと，自分にとってはできるだけ多くの羊を飼って草を食べさせる方がよいという利得構造になっていることである。このままでは荒れ地になってしまうと思って自分が羊を減らしたとしても，他の人の羊が食べる草の量が増えるだけで，自分の利得が減少してバカを見てしまうし，1人だけ羊の数を減らしても，結局荒れ地になってしまうという最終的な帰結にはほとんど影響がない。そのため，村人は全員，できるだけ多くの羊をその共有地に連れて行って草を食べさせ，結果として共有地は荒れ地と化してしまうのである。

　上の例は，ある行動を積極的にとることが個人の自己利益を高め，何もしないことが集団全体の利益を高める状況であった。これとは逆に，ある行動を積極的にとることが集団全体の利益を高めるが，何もしないことが個人の自己利益を高める場合もある。公共財問題はその典型である。たとえば，ある町内に公園があるとする。そこは住民全員がよく利用するのだが，きれいな状態で利用するためには定期的に清掃する必要がある。そこで町内会では，毎月最初の日曜日を清掃の日と決め，清掃を呼びかけることにした。この状況では，住民一人一人にとっては，清掃に行くのはコストがかかるため，さぼる方が利得が大きい。自分がさぼっても他の人が清掃をしてくれれば，それが最も望ましいのである。しかし，全員がそう思って清掃をさぼると，全員が汚い公園を利用せざるを得なくなってしまう。この例では，きれいな公園が公共財に相当する。公園は，清掃を行った人もさぼった人も等しく利用できるため，他の人の払う清掃というコストにただ乗りすることが可能である。しかし，全員がただ乗りしようとすると，結局汚い公園という町内全体にとっては最悪の結果がもたらされてしまう。

　これらの例では，個人が自己利益を追求すると，社会全体にとっては不利益

1. はじめに

が生じてしまう。このような状況は社会的ジレンマ（Social Dilemma，以下 SD）と呼ばれる。SD は相互協力問題の定式化として最もよく用いられるものであり，上に挙げた他にも，環境問題，震災後の節電，マンションの大規模修理，企業間での就職協定の維持など，様々なものが SD の構造を持っている。では，SD を解決するためにはどうしたらよいのだろうか？　伝統的な社会科学はこれに対し，規範により解決されると答える。つまり，「社会全体のために自己利益を犠牲にして協力すべきだ」という規範が存在し，人々がそれに従えば，SD は解決されるのである。しかし，単にそのように呼びかけるだけで，その規範に人々が従わなければならない理由ができるわけではない。「羊の数を減らしましょう」，あるいは「清掃に行きましょう」と呼びかけるだけでは，単なるお題目であり，不十分である。羊を減らさなければ，あるいは清掃に行かなければ何らかの報いを受けるということがない以上，誰もその呼びかけに応じないだろう。つまり，人々の行動を拘束する必要がある。このように，人々の行動を拘束して規範に従わせることを，即ち，規範が実際に効力を持つようにすることを，実効化（enforcement）と呼ぶ。規範を実効化する方法にはどのようなものがあるのだろうか。

　本章ではまず，実効化メカニズムとして最も広く用いられてきたサンクションについて紹介し，多数の実験結果で人々が実際にサンクションを行うことが示されてきたことを概観する。しかし，それらの研究で用いられていたサンクションは，実効化そのものが社会的ジレンマの利得構造を伴うという二次のジレンマ問題を抱えている。このような二次のジレンマ問題の解決策は既にいくつか提案されてきており，本章の前半では主なものを 4 つ紹介する。そして後半では，近年注目を集めている新しい有望な解決策として，コストがかからないサンクションを用いるという方法を紹介する。ただし，コストがかからないからといって人々がサンクションを行使しようとするとは限らない。そこで本章は最後に，人々がサンクションを行使しようとする意図をもっていなくても，規範が実効化され得るという可能性を指摘する。

2. 規範実効化の代表的な方法としてのサンクション

本節では，規範を実効化する方法として最も代表的なサンクションについて説明し，人々が実際に，自発的にそのような行動をとるのかどうかを検討した代表的な実験をいくつか紹介する。

サンクションとは，他者の SD での行動に対して何らかの対応を行うことである。具体的には，SD 協力者に報酬を与えたり，SD 非協力者に罰を与えたりする行動を指す[3]。SD においては，他者の行動（協力 or 非協力）によらず，各個人にとっては非協力の方が利得が大きいのだが，適切なサンクションはその利得構造を，各個人にとっても協力の方が非協力より大きな利得を得られる利得構造に変換することが可能である。協力者が報われ（アメを与えられ），非協力者が報いを受ける（ムチを振るわれる）のであれば，協力した方が各個人にとっては利得が大きいであろう。サンクションは，現代の国家では中央政府が行使することが多い。たとえば，国税庁は脱税者を取り締まる役所である。しかし，このような社会が出現したのは，人類史を振り返るとごく最近のことであり，その 99％以上を占める小規模な狩猟採集社会では，人類は何らかの方法で自分たち自身で SD 問題を解決してきたと考えられる。したがって，人々が中央権力のない社会で自発的にサンクションを行使し，それにより SD を解決可能なのかどうかを検討することは，現代の社会科学にとっても非常に重要な研究課題の一つとされてきた。

サンクションには様々な形態がある。その中で，世界初のサンクション実験は山岸により行われた，システム罰に関するものである（Yamagishi, 1986a）。この実験では 4 人から成る集団が設定され，SD とサンクションステージを交互に繰り返した。SD では，各参加者は毎回 100 円の元手が与えられ，その中から集団に対して何円提供するかを決定した。各参加者が集団に提供した金額は実験者により 2 倍にされ，他の参加者の間で平等に分配された。この通常の

---

[3] サンクションという言葉は，負の意味，即ち罰を含意することも多いが，本章では報酬と罰の両方を含むものとする。

2. 規範実効化の代表的な方法としてのサンクション

SD を行った後に，サンクションステージが設けられていた。サンクションステージでは，各参加者は，元手を「サンクショニングシステム」に提供するかどうかを決定した。サンクショニングシステムへの提供額の 4 人分の合計の 2 倍が，SD ステージでの提供額が最低の参加者の報酬から差し引かれた。実験の結果，自発的にサンクショニングシステムに提供する参加者が一定数存在すること，そしてそのことにより SD 協力率は上昇することが明らかにされた[4]。即ち，サンクションの機会が与えられると，人々は自らコストを払って自発的にサンクションを行使し，それにより SD は解決されたのである。この実験で用いられたサンクショニングシステムとは，資金が投入されれば機能するようになる機械のようなもので，各個人はサンクショニングシステムに対して資金を提供するかどうかを決定するだけである。その後の SD での非協力行動に対する罰を実際に行うのはシステムであって，システムに資金を提供した個人ではない。よって，このようなサンクション形態を，本章ではシステム罰と呼ぶことにする。

フェアとゲヒターは，山岸と同様，行使者に対しては不利益をもたらすサンクション行動が実際に実験室で観察されるかどうかを検討した（Fehr & Gachter, 2002）。ただし，彼らが用いたサンクションは山岸が用いたものとは形態が異なっている。彼らが用いた形態を，本章では個人罰と呼ぶことにする。個人罰とは，各個人が自らコストを負って別な個人に対して直接罰を与えるというものである。彼らの実験では，4 人集団で SD を行った後，各個人は別の個人に対して罰を行使する機会が与えられた。罰に使用した金額の 3 倍が罰のターゲットの報酬から差し引かれた。結果は質的には Yamagishi（1986a）と同じであり，個人罰の機会が与えられると人々は個人罰を行使し，その結果として SD 協力率は上昇した。したがって，この実験でも，人々はコストを払ってサンクションを自発的に行使し，相互協力問題を解決したのである。

このような，行使者にとっては不利益を生じさせる罰を用いた実験はこれま

---

[4] 正確には，サンクションなし条件，サンクション低条件（サンクショニングシステムへの提供額の合計がそのまま差し引かれる），サンクション高条件（サンクショニングシステムへの提供額の 2 倍が差し引かれる）の 3 条件が設けられており，サンクションなし条件よりも SD での協力率が有意に高かったのはサンクション高条件であった。

でに数多く行われているが，サンクションの形態は罰のみではない。協力者に対する報酬もまたサンクションの形態の一つである。ここでは，個人報酬を用いた数少ない実験の例としてランドらの研究を紹介しよう（Rand, Dreber, Ellingsen, Fudenberg, & Nowak, 2009）。この実験も，SDとサンクションステージを組み合わせたものである。実験で設けられたサンクションステージの一つが個人報酬であった。各参加者は4人集団でSDを行った後，同じ集団の他のメンバーそれぞれに対して報酬を与えることが可能であった。各参加者が報酬のために使用した金額の3倍が実際の報酬としてターゲットに与えられた。その結果，やはり参加者はコストを負って自発的に協力者に報酬を与えること，そしてそのことによりSD協力率は上昇することが確認された。ここでもまた，規範は実効化され，相互協力が達成されたのである。

最後に，オリジナルの山岸による実験と同様にサンクショニングシステムを用い，報酬を与えるかどうかを検討した唯一の研究である著者らの実験を紹介しよう（Takahashi, Inaba, & Nakagawa, 2011）。この実験でも，4人集団でSDとサンクションステージを繰り返した。この実験で設けられたサンクションの一つがシステム報酬である。SDの後，各参加者はサンクショニングシステムへ何円提供するかを決定した。サンクショニングシステムは，提供された金額の合計の2倍をSDでの協力率の高い人に報酬として与えた[5]。その結果，やはりこれまでと同様，参加者はコストを負って自発的に規範を実効化するという結果を得ている。

このように，サンクションの機会が与えられると，人々は多くの場合，自発的にサンクションを行うこと，それによってSD協力率が上昇することは，これまで様々な実験により示されてきた。しかし，多くの実験では扱われているサンクション形態は1種類のみであり，複数の形態の間で比較を行った実験はあまりない。数少ないそのような試みの一つが上でも述べたランドらのものであり，この実験には全部で四つの条件（サンクションの機会が与えられない統制

---

[5] 正確には，サンクショニングシステムのターゲットに選ばれる確率は，SDでの協力率に比例していた。つまり，SDでの協力率が高いほど，報酬を与えられる可能性が高かった。

2. 規範実効化の代表的な方法としてのサンクション

条件,個人罰条件,個人報酬条件(上述のもの),そして各参加者が他の参加者それぞれに対して個人報酬を与えるか,個人罰を与えるか,何もしないかを選択できる報酬罰条件)が設けられていた(Rand et al., 2009)。結果は,個人罰は個人報酬に比べて行使される程度が非常に低いこと,そして両者が可能な場合でも個人報酬の方が圧倒的に行使されやすく,個人罰はほとんど行使されなかったことを示した。なぜ罰はほとんど行使されなかったのだろうか。ランドらは,罰は集団全体にとってマイナスなので,避けられたのではないかと解釈している。罰を行うと,罰行使者の利得は低下し,罰のターゲットの利得はそれ以上に低下する。その結果,集団全体の利得が小さくなってしまう。これに対し,報酬を用いると,行使者の利得は低下するが,ターゲットの利得は大きく上昇する。その結果,集団全体の利得はむしろ増加するのである。そのために罰よりも報酬のほうが用いられたのだとランドらは解釈している。

それでは,それぞれのタイプのサンクションがSD協力率に対して与える効果はどうなのであろうか。著者らによる実験ではその検討も行っている(Takahashi et al., 2011)。筆者らは,これまで様々なサンクション形態が扱われてきたが,それらの間で組織的な比較がなされていなかった点を指摘し,個人かシステムかというサンクションの主体と罰か報酬かというサンクションの方法を組み合わせ,2×2の4条件でサンクション形態を比較することを目的として,実験を行った。その結果,報酬の方が罰より行使されること,サンクションの主体が個人でもシステムでも行使される程度に差はないこと,そして罰より報酬の方が行使される程度は,個人サンクションでもシステムサンクションでも差はなく,同様に見られることが明らかにされた。したがって,報酬の方が罰よりも行使されるという点では,ランドらの実験の結果が再現されたと言える。次に,SD協力率について検討したところ,個人サンクション条件の方がシステムサンクション条件よりもSDでの協力率が高かった。ただし,これをもって,個人サンクションの方がSD協力率を上昇させる効果が高いと結論付けるわけにはいかない。上に述べたように,条件によってサンクションが用いられた程度に差があるからである。そこで,行使されたサンクションの程度がどの条件でも同じであったとした場合のSD協力率を比較したところ,サンクションが少ししか行使されない場合は,個人罰条件で最も協力率が高いと

いうことが明らかにされた。このことは，個人罰は少量でも SD 協力率を上昇させる効果が大きい，効率のよいサンクション形態であることを示している[6]。

以上のように，サンクションの形態には様々なものがあるものの，様々な実験研究において，自らコストを支払ってサンクションを行使する人々が存在すること，そしてそれにより SD 協力率が上昇することが示されてきた。しかしこのことは，規範の実効化を巡る問題が解決されたことを意味するわけではない。次節では，その問題に焦点を当てる。

3. 二次のジレンマ問題

これまでの様々な実験研究の結果をまとめると，規範を実効化する機会が与えられれば，人々は実際に実効化することが示されてきたと言えるだろう。しかし，ここには一つ，大きな問題が残されている。それは，なぜ実効化するのかという問題である。これが問題となるのは，上述のような実験場面では，実効化することは集団全体にとっては SD における協力率を高めるという意味で有益でも，各個人にとって不利益をもたらすからである。これを，二次のジレンマ問題と呼ぶ（Oliver, 1980）。元々の SD（規範を遵守して協力するか，逸脱して裏切るか）を一次のジレンマと呼ぶとすると，一次のジレンマで相互協力を達成するための手段であるサンクションは，二次のジレンマと考えることができる。なぜなら，サンクションが機能すれば集団全体での協力率が上昇するの

---

[6] ただし，この結論は，サンクションがない場合の集団の協力率が元々どの程度かによって変わる可能性がある。論理的に考えると，SD 協力率が低い場合には，報酬の方がより効率的な方法である。サンクションの行使にはコストがかかるが，SD 協力率が低い場合には，少数の協力者に対して報酬を与えるためのコストの方が，大人数の非協力者に罰を与えるためのコストよりも小さいからである。たとえば，自分以外に 1 人しか協力者がいないという極端に協力率が低い場合は，自分ともう一人の協力者を除く全員を罰する必要があるが，そのためのコストは膨大なものとなる。それに対し，報酬であれば，自分以外の協力者 1 人に報酬を与えるだけで済むのである。逆に，SD 協力率が元々高い場合には，同じ論理で罰の方が効率的なサンクション方法となる。少数の非協力者に対してのみサンクションを与えればよいからである（Boyd, Gintis, Bowles, and Richerson, 2003）。よって，個人罰の効率がよいというこの結果は，集団の協力率が元々ある程度高い場合にのみ観察され，非協力者ばかりの協力率の低い集団では観察されない可能性がある。

は確かだが，各個人にとっては，個人罰や報酬を与えるためには自分でコストを支払う必要があるし，サンクショニングシステムには資源を提供する必要があるからである。したがって，一次のジレンマを解決するための方法が二次のジレンマを生み出すだけならば，実は論理的には問題は解決されていないことになる。一次でただ乗りをする方が自己利益に合致するなら，二次でもただ乗りして他の人に規範を実効化してもらう方が自己利益に合致するはずだからである。もし，それにもかかわらず実験結果が二次のジレンマは解決されるということを示しているのであれば，今度は一次のジレンマは解決されないのに二次のジレンマは実際には解決されるのはなぜなのか，という問題を考える必要が出てくるだろう。そこで，二次のジレンマ問題について，これまでどのようなことが明らかにされているかを，以下では4点にまとめて簡単に紹介する。これらを，二次のジレンマ問題の回避策としてあまり有望ではないものから，比較的有望と考えられるもの，という順序で紹介する。しかし，これらはいずれも，結局は二次のジレンマ問題の回避策としては完全ではない。より良い方法の可能性は，次節で議論することにする。

●二次のジレンマの回避策①──構造的目標期待理論

世界初のサンクション実験を行った山岸は，二次のジレンマ問題を当然認識しており，それを解決可能な理論として，構造的目標期待理論（structural goal/expectation theory）を提唱した（Yamagishi, 1986a, b）。これは，一次と二次では行動原理が異なると主張する理論である。ゲーム理論に基づけば，ジレンマ状況では人は自己利益追求のために非協力を選択するはずである。しかし，無数の実証研究は，人々の非協力行動の理由はそのような自己利益追求（強欲さ，greed）のみではないことを示している。多くの人々は，自己利益追求ではなく相互協力を目標としており，客観的にはジレンマ状況におかれていても，主観的には他者が協力するなら自分も協力しようと思っていることが，これまでに様々な実験により明らかにされている。それにもかかわらず，そのような人々が非協力を選択することが多いのは，自己利益を追求しようと思ってのことではなく，他者の非協力を恐れるためなのである。このような非協力の動機を搾取への恐れ（fear）と呼ぶ（Yamagishi & Sato, 1986）。このような，搾取へ

の恐れにより非協力を選択してしまう人々を協力に導くことができれば，SD協力率は大幅に上昇する。そのための方法の一つが，サンクションである。罰システムが存在すれば，元々のSDでは搾取への恐れにより協力できなかった人々も，「他の人は罰されるのを避けるために協力するだろう」という期待を持てるようになる。即ち，このような人々は，罰システムの存在により，自分が罰されることを避けようとしてではなく，「他者は協力するだろう」と期待できるようになるために，安心して協力できるようになるのである。そして，罰システムがたとえ二次のジレンマになっていたとしても，自分が罰システムに資源を投入することでそれが機能するようになるのであれば，元々のSDでは相互協力を目指していながら搾取への恐れにより協力できなかった人は，喜んで罰システムに資源を投入するであろう。そのことにより，他者の一次のSDでの協力を保証できるからである。このように考えると，一次のジレンマで非協力を選択する人ほど，二次のジレンマでは協力を選択することになる。これが，一次と二次では行動原理が異なるという意味である。実際，山岸は一連の研究において，他者一般を信頼する程度の低い人は，SDのみを行わせると協力率が低いが，サンクションステージを設けると，サンクションステージでの協力率は高く，その結果としてSDでの協力率も高くなることを示している。逆に，他者一般を信頼する程度の高い人は，一次のSDのみを行わせる場合に協力率が高く，サンクションの必要性を認識しないため，二次では協力率がむしろ低い（Yamagishi, 1986a, 1988a）。

　以上のことから，構造的目標期待理論では，二次のジレンマは社会的ジレンマとしては捉えられていないことになる。この理論は，二次のジレンマ，即ちサンクションにおいて協力する人は，自己利益追求のために他者のサンクション行動にただ乗りしようとは思わないという仮定に基づいている。彼らは，目標としている一次のジレンマでの相互協力達成のための手段として，二次のジレンマでは自発的に協力すると考えるからである。しかし，このような仮定を置くことによって二次のジレンマ問題を回避している構造的目標期待理論は，その仮定が実証データにより支持されているとは言え，なぜ二次のジレンマ問題を回避可能なのかという問題に対する十分な説明になっているとは言えないだろう。なぜなら，二次のジレンマでただ乗りをしようとは思わないというこ

とが理論に前提として組み込まれており，各個人にとってはただ乗りをした方が客観的には利得が大きいのに，なぜただ乗りをしようと思わないのかは，結局説明されないままだからである。どのような要因が二次のジレンマで人々がただ乗りするのを防いでいるのかは，謎のまま残されている。

● **二次のジレンマの回避策②──二次のジレンマは深刻にはならない**

次に，二次，およびそれ以降の高次の罰はコストが小さいため，二次のジレンマ問題は深刻にはならないという可能性について，二つの先行研究の流れに沿って説明する。最初は，規範の過大視についての研究である。神らは，他者による罰行動を過大に見積もる傾向を人間は持っていると主張する（松本・小野田・神，2010）。通常人々は，他者がどの程度罰を行使するのか，事前に正確に把握することは困難であるため，何らかの形で推測を行い，それに基づいてSDでの行動を決定すると考えられる。その際，罰を受けないだろうと高をくくって裏切る場合と，罰を受けるだろうと恐れて協力する場合とがあるだろう。ここで，もし予想が誤っていたら，どちらの方がより深刻な事態に陥るのであろうか？ この答えは，論理的には一意には定まらないが，多くの場合，前者のほうであると考えられている。罰されないだろうと予想して実際は罰された場合の損害は非常に大きくなる可能性があるのに対し，罰されるだろうと予想して罰されなかった場合は，単にSDでの協力のコストを節約できなかっただけなので，自分にとっての不利益はそれほど大きくはならないのが普通だからである。したがって，他者による罰行使の程度が不確実な場合には，過大に見積もるという方向でバイアスをかけておいた方がよい。そのため，人間は実態よりも罰の存在を過大に見積もる傾向を持っていると考えられる。この過大視により，実際に行使される罰の量が，一次のSDの利得構造を各個人にとって協力する方が利得が大きくなるように変換するには不足している場合でも，一次のSDが解決される可能性がある。つまり，自己利益を犠牲にする「非合理的な」罰行使者がほんの少しでも存在すれば，それだけで人々は規範を遵守し，SDで協力する可能性があるのである。

全く異なった視点から，実際に存在する罰の量が少なくても相互協力が達成される可能性があると主張する研究に，ヘンリックとボイドの理論研究がある

(Henrich & Boyd, 2001)。彼らは，二次のジレンマでの罰のターゲットは一次のジレンマでの非協力者のみである，三次のジレンマでの罰のターゲットは二次のジレンマで罰しなかった人のみである，というように，高次になればなるほど罰のターゲットの人数は減少していくため，いずれ何次かの段階で，罰にはコストがかからなくなると主張する。そこでのジレンマの解決がそれより一つ低いレベルでのジレンマを解決し，それがまた一つ低いレベルでのジレンマを解決し，というように低次の方へ遡ってくると，二次でも二次のジレンマ問題が解決され，最終的には一次の SD でも相互協力が達成されるわけである。ただし，実際に罰のターゲットがほとんど存在しなくなるのは，無限に高次のジレンマまで考えた場合である。そこで，そこまで高次に行かずに問題を解決するため，ヘンリックたちは別の仕組みを導入する。たとえば，人間には一般的に同調傾向が備わっており，それは進化史の中で適応的であった。この同調傾向が SD 状況でも発動すると考えるのである。このような心理特性により，罰行使者が少数でも存在するようになると，最終的には一次の SD で相互協力が達成されるわけである。

　二次のジレンマ問題が最初に述べたよりも深刻ではないと主張する研究は他にもいくつか存在する（e.g., Coleman, 1990）。そのような研究では，規範の実効化に必要なサンクションの量は，元々理論的に想定されていたよりも少なくて済むと主張される。ただし，これらは二次のジレンマ問題に対する不完全な解決策であることは否めない。それは，他の状況において一般的に適応的だとされる心理的メカニズムを外部からジレンマ状況に持ち込んで用いるという意味で内生的な解決ではないこと，そして深刻ではないにせよ二次のジレンマ問題はやはり存在はしていることによる。

●二次のジレンマの回避策③──メタ規範と連動

　次に，異なるレベル間の協力行動の連動により二次のジレンマ問題を回避可能であるという可能性について紹介する。アクセルロッドは，コンピュータ上で進化シミュレーションを行い，二次のジレンマ問題を再現した（Axelrod, 1988）。進化シミュレーションとは，コンピュータ上に仮想の個体から成る社会を作り，そこでの個体間の相互作用から利得を計算し，それに基づいて次世

代の社会のメンバーを決定するという，生物学の進化のプロセスを模式化したものである。進化シミュレーションでは，各個体は行動を決定する「遺伝子」を持つ。各世代では，各個体はこのような遺伝子により規定された行動をとり，その累積利得に比例して次世代の個体数が決定される。即ち，相対的により多くの利得を得た個体は自分の子孫を残す確率が高く，少ない利得を得た個体は自分の子孫を残す確率が低い。そして，次世代の個体が決定される際，小さな確率で遺伝子の値が変化するという「突然変異」が生じる。この一連のプロセスは，進化のアナロジーになっている。このようなシミュレーションは，世代を経るにつれて特定の状況下の社会でどのような戦略が適応的になるかを明らかにすることを目的に行われるものである。

アクセルロッドが用いたのは20人から成る集団で，相互作用としてはSDと個人罰の組み合わせを用いた。各成員は，一次のSDで協力する確率を決定する遺伝子と，二次で個人罰を行使する確率を決定する遺伝子を持つ。すると，初期値をランダムに決定すると，最初はSDでの非協力者が罰されるために一気に淘汰され，相互協力状態が達成される。しかし，しばらくすると，個人罰を行使する遺伝子の値の高い個体は罰のためのコストを支払うため，個人罰を行使しない個体よりも適応度の面で不利になり，徐々に淘汰され始める。そして，いずれは集団の中に個人罰を行使する遺伝子の値が高い個体はほとんどいなくなってしまう。この段階で，突然変異により一次のSDで協力する遺伝子の値が低い個体が生まれると，今度はそのような個体は罰されないために一気に数を増やし，集団はSDで協力する遺伝子の値が低く，かつ二次で個人罰を行使する遺伝子の値が低い個体によって占められてしまう。即ち，集団全体が一次で協力せず，二次でも罰しない個体ばかりになってしまうのである。これは，まさに二次のジレンマ問題が起きてしまうこと，それにより一次のSDでも相互非協力状態に陥ってしまうことを如実に表している。ここでアクセルロッドが提案した解決策は，更に上位の罰の導入である。具体的には，一次のSDでの非協力者を罰しなかった人を罰するという三次の行動を導入するのである。これをアクセルロッドはメタ規範と呼び，二次のジレンマ問題はメタ規範により解決されると主張した。

しかし，読者は，これはおかしいということにすぐに気づくだろう。なぜ二

次のジレンマ問題が三次のジレンマ問題に先送りされず,解決されてしまうのだろうか? その鍵は,アクセルロッドのシミュレーションでは三次での行動を決定する遺伝子が二次での行動を決定する遺伝子と連動していたことにある。つまり,二次で罰するかどうかを規定する遺伝子が,三次で罰するかどうかも規定していたのである。その結果,一次でのSD非協力者を二次で罰する人は二次で罰しない人を三次で罰し,SD非協力者を罰しない人は二次で罰しない人を三次では罰しなかった。このように,異なるレベルでの行動の間に対応関係が存在することを連動(linkage)と呼ぶ。論理的に考えると三次のジレンマにより二次のジレンマが解決されないのは,自分は一次のSDで協力し,SD非協力者に対しては二次で罰を与えるが,SD非協力者に罰を与えない人には罰を与えないという戦略(三次のフリーライダー)が,SDで協力し,SD非協力者を罰し,かつSD非協力者を罰しない人をも罰する人(一次〜三次までの全ての協力者)より利得が大きくなるためである。しかし,アクセルロッドのシミュレーションではそのような戦略は存在しなかったため,二次のジレンマが解決されたように見えたのである[7]。

　このことを指摘した山岸と高橋は,同じ連動であれば,一次と二次の行動の間の連動でも十分なはずであると主張し,アクセルロッドを踏襲したシミュレーションを行い,そのことを示している(Yamagishi & Takahashi, 1994)。彼らは,一次のSDで協力する人はSD非協力者を罰するが,SDで協力しない人は非協力者を罰しないというように,一次と二次での行動を単一の遺伝子が決定する場合には,相互協力が達成されることを明らかにした。つまり,三次まで考える必要はないのである。ただしここでも,自分はSDで協力するが,SD非協力者には罰を与えない,即ち一次では協力だが二次では非協力,という戦略は存在しないことになっていたのが鍵である。各個体が一次と二次の行動それぞれを規定する遺伝子を持つようにし,それぞれの行動を独立に決定するようにすると,やはり二次のジレンマ問題が発生し,相互協力状態は達成さ

---

[7] このような,二次のジレンマと三次のジレンマでの行動の連動は,その意味を考えるともっともらしい。罰を行使するならば一貫して行使し,行使しないならば一貫して行使しないというのは,直感的には納得できることである。しかしそのことは,罰行使に関して一貫しない個体が存在しないということを理論的に説明しているわけではない。

れなかった。また，誰も連動していない社会で連動が自発的に生じる可能性を検討したところ，一次のSDでの行動を規定する遺伝子の値と二次での行動を規定する遺伝子の値が淘汰を繰り返すうちに自然に似通ってくるということはなく，その可能性は否定された。更に，連動する個体としない個体が両方存在するような状況でシミュレーションを行ったところ，連動する個体の方が適応的になるという結果は得られなかった。以上のことから，異なるレベルにおける協力行動の連動があれば二次のジレンマ問題は解決されるということは明らかになったが，その連動自体がどこから来るのかは説明されないままである。連動することは自己利益に反するため，連動する方が利得が大きくなるような何らかのメカニズムが必要なのである。また，実証研究によっても，一次の非協力者に対する罰や協力者に対する報酬は観察されるが，アクセルロッドの「メタ規範」などの二次以降のサンクションは観察されないということが，清成とバークレイにより明らかにされている（Kiyonari & Barclay, 2008）。二次のジレンマでの罰行使はまだ納得できるが，三次以降のジレンマでの罰行使は，あまりにも余計なお世話でやり過ぎだと思われるのかもしれない。よって，連動も，二次のジレンマ問題の解決策としては，不十分だと言わざるを得ないだろう。

● 二次のジレンマの回避策④――強い互恵性

本節で最後に取り上げるのは，「強い互恵性」（strong reciprocity）と呼ばれる概念である。通常の互恵性は，相手の自分に対する行動に対して，自分が相手にお返しをするというものである。具体的には，相手が協力してきたら自分も協力するが，相手が協力しなかったら自分も協力しないという行動パターンを指す。これに対し，強い互恵性は，それ以上のことを意味する。具体的には，ターゲットの行動が自分の利得に全く影響を与えなくても，自分でコストを負って，ターゲットによる別の他者に対する協力行動には報酬を，非協力行動には罰を与えるという行動を指す（Gintis, 2000; Gintis, Bowles, Boyd, & Fehr, 2003; Fehr & Gintis, 2007; Henrich, Boyd, Bowles, Camerer, Fehr et al., 2001）。これは，自分の利得にとってはむしろ負の影響をもたらすため，強い互恵性は利他的な行動傾向であり，利他的罰と利他的報酬から成るとされる（Fehr & Fischbacher,

2005)。通常の罰や報酬とは異なり，「利他的」と呼ばれているのは，行為者自身の利得を低下させる行動であるためである。フェアらのグループは様々な実験を行い，人々が強い互恵性に基づいて行動していると解釈可能なデータを示している。たとえば，将来の相互作用の機会がないことが分かっている場合でも互恵的に振る舞うこと，自分が第三者の立場であっても一方的に互恵的に振る舞うこと，などである。このような強い互恵性により，人類の歴史の中で大規模な相互協力状態が達成・維持されてきたのだと，フェアらは主張する[8]。

しかし，自発的に罰や報酬を与えることは明らかに自己利益に反しており，非適応的である。このことは彼らも認識しており，そのような行動傾向を人間が身につけるに至った理由として，集団淘汰（group selection）を提唱している（Boyd, Gintis, Bowles, & Richerson, 2003）。彼らの主張をまとめると，以下のようになる。確かに強い互恵性という行動傾向は集団内では非適応的である。強い互恵性を持っていない個体の方が利得が高いのは明らかである。しかしここで，複数の集団が一つの社会に存在し，集団間では葛藤や競争があると考えてみよう。そして，その結果が集団の存続に大きな影響を与えると考えるのである。たとえば，部族間の戦いの場面では，各成員は自分も戦闘に参加するか，それとも逃げるかの選択を行う。戦いは危険なので，当然，逃げた方が自分にとっての利得は大きい。しかし，逃げる成員が多い部族は，戦いに負け，その結果勝った部族に様々な資源を奪われてしまい，部族の存続自体が危機にさらされてしまう。このような状況では，各部族の中で，成員を戦いに協力させるようなサンクションを行う方が，部族にとっては利得が大きく，それが自分自身の利得に跳ね返ってくる。したがって，各部族内ではサンクションを行わない方が常に利得が大きいのだが，そこで自らコストを負うことで自分の部族が戦いに勝った方が大きな利得を得られるという仕組みがあるため，自発的なサンクション行動を引きおこす強い互恵性という心理メカニズムを備えていることは適応的になった。これが，「強い互恵性」論者の考えるストーリーである。

---

8) なお，以上の説明から分かるように，フェアらは基本的に個人サンクションを想定しているため，この強い互恵性に関する部分では議論を個人サンクションに限定することにする。

3. 二次のジレンマ問題

　この主張は，これまでに見て来た他の先行研究とは根本的に異なっている。強い互恵性以外の研究では，各個人の適応度は個人のレベルで決定されていた。つまり，利得を比較する単位はあくまで個人であった。それに対し，強い互恵性の議論では，他の研究では一切考慮されていない，集団レベルの利得が重要だと主張している。確かに，論理的には，集団レベルの利得を考慮に入れれば，二次のジレンマ問題は解決される。むしろ，問題の枠組み自体が解体されると言ってもよいかもしれない。しかし，彼らの主張に対してはこれまでに様々な批判がなされてきた。以下では，その中でも主なものを紹介する。

　まず，強い互恵性理論は，集団レベルでの淘汰が働くと想定しており，このこと自体が進化生物学の観点からは批判の対象となっている。なぜなら，集団単位の利得が各個体の適応度に大きな影響を与えるという考え方は，進化生物学では過去の遺物となった群淘汰の考え方を受け継いでいるからである。もちろん，実際には個体レベルでの利得も最終的には適応度に反映されるという点で，古典的な群淘汰理論とは異なっており，そのため彼らはこのような考え方を複数レベル淘汰（multilevel selection）と呼ぶ（Sober & Wilson, 1998）。複数レベル淘汰理論によれば，各個体の適応度は，個体レベルの利得と集団レベルの利得の両方により決定される。この点において，複数レベル淘汰理論が論理的に正しいことは，研究者間で意見の一致が見られる。しかし，集団というものに特別な意義を認めるかどうかを巡っては，やはり進化生物学者からの批判は非常に厳しい。複数レベル淘汰理論は数学的には血縁淘汰理論と同等であるということは証明されており，強い互恵性支持者が想定するような淘汰の単位としての集団の意義は疑問視されている（West, Griffin, & Gardner, 2006）。

　次に，もし集団レベルでの淘汰がかかるということを前提とするならば，サンクションなどそもそも不要になると考えられる。一次の SD のことのみを考えてみよう。集団に協力する成員が多い方が集団間競争に勝てるので，人々は無条件に利他的に集団に協力する傾向を身につけたのだ，という主張も論理的には可能である。集団に対して無条件に利他的に振る舞う個体は，自分の集団の中では利己的に振る舞う個体よりも常に利得が低いが，集団淘汰が働くため，そのような利他的な個体から成る集団の方が集団レベルでは適応的であるはずである。しかし，フェアらはそのような主張はしない。なぜ二次のジレンマま

で考える必要があるのか，また三次以降のジレンマはなぜ考える必要がないのかは，いまだに明確には議論されてはいない。

　次に，強い互恵性理論を巡っては，その実験を巡り，様々な批判がなされている（e.g., Burnham & Johnson, 2005; Houser, McCabe, & Smith, 2004）。主な批判の論点は，実験結果そのものに対する疑義ではなく，その解釈の妥当性を巡るものである。即ち，批判する研究者たちは，フェアらの実験結果を強い互恵性の証拠と見なすことに大きな疑問を投げかけているのである。彼らは，観察された実験結果は強い互恵性以外の様々な心理的メカニズムにより説明可能であり，強い互恵性という概念を持ち出す必要はないこと，また，そもそも利他的な動機に基づいてはいないということを主張する。また，最近ではフィールド研究からも，批判の声が上がり始めた（e.g., Guala, 2012）。なぜなら，フィールドでは個人罰そのものがほとんど観察されないからである。その代わり，現存する伝統的な狩猟採集社会などでよく観察されるのは，口頭でのからかい，注意，陰口などの比較的軽い罰なのである。たとえば，政治学者でノーベル経済学賞受賞者であるオストロムは，伝統的な共同体では自分たちが直面する状況に応じて，それに適した効率的なサンクションのメカニズムを自ら作り上げることにより，相互協力状態の維持を図っていると主張している（Ostrom, 1990）。彼女は，非協力者の資源を奪ったり，身体的な危害を加えたりする直接的な罰は非常に深刻な帰結をもたらすので，できる限り避けられると指摘している。なぜなら，ターゲットが完全な反社会的な存在になってしまう可能性があり，またそうなった場合には小規模な社会では構成人数の減少というスケールの面でのデメリットをもたらすからである。そのため，非協力者に対しては，最初はゴシップや口頭での注意で対応することが多く，どうしても非協力者の行動が改まらない場合に限って，徐々にサンクション行動を厳しいものにしていくことが多い。グアラも，人類史のほとんどを占めてきた小規模な狩猟採集社会と今でも同じような形態をとっている伝統的な社会では，直接的・間接的な口頭でのたしなめ，注意などが行われることがほとんどで，直接的な罰行動はほとんど見られないことを指摘している（Guala, 2012）。

　最後に，集団レベルの淘汰が働くような状況がどの程度存在していたのかについても，批判がなされるようになってきた。ボウルズとギンティスは，集団

間葛藤，つまり戦争は人類史の中で極めて頻繁に生じており，集団レベルの淘汰が働くのに十分だと主張している（Bowles, 2009; Bowles & Gintis, 2010）。しかし，彼らによる戦争頻度の推定値は大幅に過大推定されたものだという批判がフライとソダーバーグによりなされた（Fry & Soderberg, 2013）。彼らはバイアスがかからないように狩猟採集民のデータをサンプリングし，死につながるような暴力的な事件がどのような原因で起きるのかを調べた。すると，事件の多くは集団内での個人間の争いに起因していることが明らかにされた。つまり，死につながるような事件は殺人事件であることが多く，戦争によるものはほとんどないのである。この結果は，個人の適応度に実際に影響を与える要因としては，集団レベルの淘汰につながるような戦争よりも集団内の個人間の争いの方がはるかに大きいことを意味している。つまり，複数レベル淘汰理論は，数学的には正しいかもしれないが，実際には集団内の淘汰が人類の進化の説明要因のほとんどを占めることを，強く示唆している。

以上，強い互恵性に対する厳しい批判を紹介した。これら以外にも，これまでの心理学者や生物学者に加えて，他の様々な分野の研究者が強い互恵性という概念に対する批判を開始している[9]。そのため，強い互恵性理論は現象の記述としては一定の意義があるかもしれないが，規範の実効化を説明する理論としての将来は危ういだろう。

4. コストのかからない規範の実効化

●社会的交換との連結──比較制度分析

第3節では規範の実効化を巡る二次のジレンマ問題の主な解決策をいくつか紹介してきたが，どれもが問題を抱えていることが明らかにされた。その根本問題は，規範の実効化にコストがかかることにある。そこで本章の後半では，コストのかからない実効化の可能性について，最新の知見を交えながら議論したい。

9）たとえば，Pinker が呼びかけたオンライン上のディベートを参照されたい（Pinker, 2012）。

第3章 規範はどのように実効化されるのか

近年,経済学において,ゲーム理論を用いた比較制度分析が盛んに行われるようになってきた。地球上には現在,様々な社会が存在しており,かつて存在していたが消滅してしまった社会も数多い。そのような多様な社会のあり方がなぜ可能なのかを明らかにすることを目的としているのが比較制度分析である。比較制度分析では,社会を制度の束と捉え,そのような制度がいかにして生まれ,変化していくのかを,ゲーム理論を用いて分析する。本章で扱っている規範も制度の一つであると見なされる。比較制度分析では,規範が実効化され,相互協力が達成されている状況を,自己拘束的な均衡であると捉えている。即ち,ある条件下では,自分がとる戦略を,「集団に対して協力し,かつ非協力者にサンクションを与える」戦略から別な戦略に変更することが各個人にとって不利益をもたらすということが,全ての個人について成立している,ということである。このとき,各個人の行動は他の行為者にとっては彼らの行動を拘束するものとして考えられるため,自己拘束的な均衡と呼ぶ。ここからの逸脱は各個人にとって不利益をもたらすため,サンクションの行使は原理的にその個人に不利益をもたらさない。これだけでは議論が抽象的過ぎるので,以下では代表例として,比較制度分析の第一人者である青木が用いている灌漑システムの例を紹介する (Aoki, 2001)。

灌漑システムは,一種の SD として捉えることが可能である。各農民にとっては,灌漑システムは必要不可欠なものである。しかし,その維持のために自分ではコストを支払わず,他の農民に支払ってもらった方が利得が大きい。また,自分がコストを支払わずとも,他の人が支払うのであれば,運用されている灌漑システムは利用可能である。そのことを農民達は分かっており,このままでは灌漑システムの維持に誰も資源を投入しないことになってしまう。しかし,実際には灌漑システムが維持される場合もある。それはなぜなのだろうか。ここで,村の日常生活では,灌漑システムに貢献するかどうかということ以外に様々なことが行われていることに着目する。そのような様々な資源のやり取りのことを,ここでは社会的交換と呼ぶことにしよう。すると,村人の日常生活において,灌漑システムは単独のゲームとしてプレイされているのではなく,社会的交換の中に埋め込まれていると捉えることができる。もし灌漑システムゲームが社会的交換の中に埋め込まれておらず,独立して存在しているのであ

れば，灌漑システムゲームでの行動を決定する際には，灌漑システムゲームのことだけを考えればよい。しかし，灌漑システムゲームでの行動を決定する際，灌漑システムゲームに加えて社会的交換ゲームについても考慮するということは，自然であろう。そのような場合，灌漑システムゲームは社会的交換ゲームに埋め込まれていると呼ぶ。このとき，灌漑システムゲームと社会的交換ゲームの両方をプレイする村人は，二つのゲームの間で行動をコーディネートすることが可能となる。そのことによって，全員が灌漑システムに貢献することが均衡を構成する可能性が出てくるのである。青木はここで，次の2つの部分から成る戦略を考える。①自分が灌漑システムゲームで非協力を選択したか，社会的交換ゲームで他者から非協力をとられた場合は，次回の灌漑システムゲームで非協力を選択し，社会的交換ゲームでも非協力を選択する。それ以外の場合は，灌漑システムゲームでは協力し，社会的交換ゲームでも協力する。②灌漑システムゲームで非協力を選択した人に対しては，社会的交換ゲームで非協力をとる。この中で，②が本章におけるサンクション行使に該当する。そして，全員がこの戦略を採用していることを全員が知っており，将来も採用するであろうという共有予想を持っていると仮定する。すると，全員が灌漑システムゲームでも社会的交換ゲームでも協力するという戦略が均衡となる[10]。均衡かどうかを確認するため，そこからの逸脱がその個人にとって不利益をもたらすかどうかを考えてみよう。まず，ある村人Aがたまたま何らかの理由により灌漑システムへ貢献しなかったら，その後どうすべきだろうか？ Aは，社会的交換ゲームにおいては他の村人から協力してもらえないと予想する。したがって，Aは社会的交換ゲームで相互協力を達成できるという期待は持てず，それならば裏切った方がAにとっての利得が大きい。また，灌漑システムゲームでも同様に，Aにとっては一度裏切ってしまったらそのまま裏切り続けるのが最も利得が大きい選択肢である。次に，Aに対して他の村人が社会的交換ゲームで協力すべきかどうかを考えてみよう。ここで他の村人は，Aは灌漑システムゲームで非協力をとってしまったため，村人からの非協力を予想し，そのこと

---

[10] ただし，均衡は一つではない。全員が灌漑システムゲームでも社会的交換ゲームでも協力しないという状態も均衡である。

によりA自身も非協力をとると予想するはずである。よって，他の村人はAに対して非協力をとるべきだということになる。以上のことから，一旦このような戦略により相互協力の均衡が成立してしまえば，そこからの逸脱は個人にとって不利益をもたらすことがわかる。

以上のことから，灌漑システムゲームと社会的交換ゲームをそれぞれ別のゲームとしてプレイするのではなく，連結させることにより，灌漑システムゲームでの協力行動と，社会的交換ゲームでの罰行動が，均衡を構成することになるのである。これは均衡なので，灌漑システムゲームでの非協力者に対する罰として社会的交換ゲームで非協力を選択することは，その個人に不利益をもたらしてはおらず，むしろ協力を選択する方が不利益をもたらす。したがって，二次のジレンマ問題は発生していない。このようにして，規範の実効化は，どのようなゲームをどのように連結させるかという制度のデザインの仕方によっては均衡の一部を構成するため，自己拘束的になる可能性があるというのが，経済学における比較制度分析の理論的主張である。

●社会的交換との連結——経験的証拠

比較制度分析のこのような発展とは独立に，近年，実験室実験においても，SDと別なゲームの両方を参加者に経験させることにより，参加者が自動的にゲーム間を連結し，協力率が上昇することが示されるようになってきた。それは，SDと連結される別なゲームでの行動が，SDでの行動に対するサンクションとしての機能を果たすからである。たとえば，ミリンスキーらは，SDと間接互恵性ゲーム[11]を組み合わせることにより，SDでの協力率が上昇することを示している（Milinski, Semmann, & Krambeck, 2002）。彼らの実験では，参加者はSDの後に間接互恵性ゲームを行うということを繰り返した。間接互恵性ゲームとは，毎回ランダムに組み合わされた相手に対して一方的に資源を提供するかどうかを決定するゲームである。このような状況では，SDと間接互恵性ゲームを連結させることが可能となる。具体的には，参加者はSDでの協力者には間接互恵性ゲームで資源を提供し，非協力者には提供しないという行

---

11) 間接互恵性については，本書第4章を参照されたい。

4. コストのかからない規範の実効化

動パターンをとり,そのことにより SD での協力率が上昇したことが示された。つまり,SD での協力行動が,間接互恵性ゲームにおいて資源提供を受けるための必要条件である良い評判に結びつくことで,SD における協力率が上昇したと考えられる。よって,間接互恵性ゲームにおいて,SD での行動に応じて資源を提供するかどうかを決定するということが,サンクションとして機能したことになる。また,ヴィラステコヴァらや品田は,SD と囚人のジレンマ (Prisoner's dilemma, 以下 PD) ゲームを組み合わせることにより,SD での協力率が上昇することを示している (Vyrastekova & van Soest, 2007; 品田, 2005)。これも,SD と PD を連結させ,SD での協力者には PD で協力するが,非協力者には協力しないという行動パターンをとることが可能であるためである。以上の実験研究では参加者は全て同じ集団の成員であったが,センマンらは,SD が異なる集団で行われた場合でも,参加者はそこでの行動に応じて間接互恵性ゲームでの行動を決定するということも示した (Semmann, Krambeck, & Milinski, 2005)。SD での行動は,たとえ異なる集団においてなされたとしても評判に直結し,間接互恵性ゲームでは人々は評判に基づいて資源を提供するかどうかを決定するためであると考えられる。また,連結させるゲームが PD である場合も,他集団での SD での行動に応じて PD での行動を決定するという同様の結果が稲葉らにより示されている (Inaba & Takahashi, 2013)。このように,本来独立であるゲーム状況の間に連結が生じること,それが SD での行動に対するサンクションとしての機能を果たすために SD で協力率が上昇することは,実験室実験のデータによって支持されている。ここで,SD と連結されるゲームにおいて,相手の SD での行動に応じて自分の行動を決定することには,コストがかかっていないことに注意してほしい。

　また,実験室場面ではなく,実際のフィールドにおける調査研究でも,広く見られるサンクション行動は,実験室で扱われているような行使者に大きなコストを強いるものではないことも,指摘され始めた。たとえば,上述のオストロムやグアラによる研究は,サンクション行使者にとってコストの大きい直接的な罰は滅多に行われず,コストの小さい間接的な罰の方が広く見られることを示している。直接的な罰には大きなコストがかかる。ターゲットの資源をわざわざ奪いに行ったり,身体的な懲罰を加えたりすることは,それ自体が時間

第3章　規範はどのように実効化されるのか

とエネルギーの損失であるし，相手が反撃する可能性も考慮しなければならないため，個人にかかる負担は非常に大きい。それに対し，口頭でのたしなめやゴシップには，ほとんどコストがかからない。また，そのようなサンクションでは問題が解決しない場合にはよりターゲットにとって厳しいサンクションに段階的に移行していくわけであるが，そこで用いられる交換関係からの排除，村八分，あるいはターゲットを残して他の集団メンバーが立ち去るという狩猟採集民が行うことがあるサンクションを考えても，やはりターゲットに直接的に罰を加えることに比べればコストは極めて小さい。これらのフィールドで広く見られるサンクション行動は，社会的交換ゲームとの連結による規範の実効化の現れであり，そのためコストがかからないのだと解釈可能であろう[12]。

　以上のような，コストのかからない規範の実効化は，二次のジレンマ問題を回避可能であるため，非常に有効であると考えられる。それでは，もし人々がこのような行動をとるとしたら，それはゲーム理論的な意味での均衡を構成するからなのだろうか？　即ち，人々は前向きの合理性に基づいて規範を実効化しているのだろうか？　前向きの合理性とは，経済学やゲーム理論が想定する人間が持つ合理性で，自分と他者の間の行動の随伴性について全て事前に考慮し尽くし，行動の各選択肢をとった場合の期待利得を全て計算した上で，自分の利得の最大化を図る，という場合の合理性である（Heath, 1976; 山岸，2001）。それとも，実際にはこのような前向きの合理性に基づく計算によっては行動は決定されておらず，何らかの自動的な反応により行動は決定されており，その副産物として本人の意図とは無関係に規範が実効化されているのだろうか？この点はいまだに明らかにされてはいないが，以下では後者である可能性が高いことを示唆するいくつかの間接的な証拠を提示する。もし後者であれば，人々は後ろ向きの合理性に基づいて，本人も気づかずに規範を実効化しているのかもしれない。後ろ向きの合理性とは，期待利得の計算をせずに行動を決定し，たまたまよい結果をもたらされたら繰り返すようになるという意味での合

12）ただし，悪口を言われたり，あるいは他の交換関係からの排除を受けたりした場合，そのターゲットが反撃に出る可能性はゼロではない。その場合は，それがコストとなる。しかし，その可能性は，直接的にターゲットに危害を加えるような罰行動の場合に比べると，極めて低いだろう。

理性で,強化学習や進化理論における合理性に対応する(山岸,2001)。この場合,後ろ向きの合理性に基づく行動はそれ自体が適応的であるため維持され,その副産物として規範が実効化されてしまう,ということになるだろう。

5. 規範の実効化は別な行動の副産物か？

SDにおける非協力者に対して社会的交換において非協力を取ることや,交換自体を避けることが,最も頻繁に用いられる規範の実効化の手段だとしよう。このような行動傾向を人間が身につけていることを示唆する間接的な証拠はいくつか挙げられる。まず,人間は評判にきわめて敏感である。神・髙橋(2014)が述べているように,他人の目を無意識にでも想起すると,協力的な行動が増加することは,様々な研究で示されてきている[13]。たとえば,目を表すポスターと花のポスターが貼ってある場合を比較すると,目のポスターの場合の方が研究室のコーヒー代が集まりやすい(Bateson, Nettle, & Roberts, 2006)。また,第三者による罰でさえ,それが他者の目から見て望ましい行動であると解釈される場合には,増加することも示されている(Kurzban, DeScioli, & O'Brien, 2007)。そもそも,実験ゲーム研究において,匿名性の重要さが昔から指摘されてきたのも,匿名性がなければ参加者は他人の目を気にして裏切らなくなってしまうからである。これらの知見は,自分の評判を下げるような行動は避けるべきだという行動規則を人々は備えていることを示していると考えられる。そのような行動規則を備えているのは,自分の評判が悪くなってしまうと他者から協力してもらえなくなったり,交換関係から排除されてしまったりするという直感的な理解があるからであろう。そして,そのような直感的な理解を人々が持っているのは,人々が実際に非協力者に対して負の効果を持つような行動をとる傾向を持っているためであると考えても不自然ではないだろう。

しかし,これだけでは証拠としてはまだ不十分である。確かに非協力者に対して,社会的交換において非協力を取ることや,交換自体を避けることそれ自体にはコストはかからない。しかし,そのような行動を取ったことにより,自

---

[13] 本シリーズ第1巻第7章を参照。

分自身の評判に傷がついてしまうのであれば，それは結局サンクション行使者がコストを負うのと同じことになってしまう。ただし，この可能性については，間接互恵性について第4章で真島が述べていることを考えると，それほど心配する必要はないかもしれない。相互作用相手を選択可能な選択的プレイ状況では，2つのゲームを連結させてサンクションを行っても，自分自身の評判は低下しない可能性は十分にあると考えられる。しかも，サンクションを行う個人は，自分がサンクションを行っているということに気づいていない可能性さえある。たとえば，選択的プレイの間接互恵性ゲームとの連結の場合を考えると，主観的には評判の良い人に対して協力しているだけで，評判の悪い人に対して非協力をとったり，交換関係から排除したりするという意図はもっていなくてもよいからである。こう考えると，規範は評判の良い人とだけ付き合いたいという行動の副産物として実効化されているのかもしれない。

6. 今後の展望

　本章では，人々がコストを負って自発的に規範の実効化を行うという実験結果を紹介し，それが理論的な二次のジレンマ問題と整合性がないことを指摘した。そして，これまでに提唱されてきた二次のジレンマ問題解決策がどれも不完全であることを指摘し，コストを伴わない規範実効化の可能性について検討した。その結果，人々が多くの場合はそのようなコストを伴わない規範の実効化を行っているということ，そしてそれは必ずしも前向きの合理性により計算された結果の行動ではない可能性を指摘した。しかし，まだ残されている問いがある。最終節ではそれについて議論し，本章の主張が正しいかどうかを検討するための方向性を探る。

　もし，人々が通常は他の交換関係からの排除を規範の実効化メカニズムとして用いているのであれば，数多くの実験室実験でそれ以外の直接的なサンクションが観察されたのはなぜなのだろうか？　これが，残されている大きな問いである。これに対する答えとして現時点で考えられることは，これまでの実験室実験で観察された直接的なサンクション行動，特に個人罰がアーティファクトであった可能性である。即ち，本当はほとんど存在しない罰行使という現象

が，実験室内では人工的に作り出されていたのかもしれない。これまでの実験のほとんどでは，罰するかどうかの二者択一や，どの程度罰するかという罰強度の選択が，参加者に求められてきた。即ち，参加者にとっては，それ以外の行動の選択肢がないという状態であった。この状況では，罰しないということは何もしないということを意味する。したがって，本来観察されるはずの罰行動よりもかなり水増しされた罰行動が実験室において観察されてきた可能性があるだろう。参加者は，罰を与えること以外の行動はとれない状態，罰のことしか考えることがない状態で，罰するかどうかを決定するわけである。これでは，罰しなさいと言っているようなものであるし，折角わざわざ実験に参加しに来たのだから，何か意味のあることをしようと思ったら，やはり罰することを選ぶと考えるのが自然である。実際，グアラは，観察された罰行動は実験室においてそれ以外の行動の選択肢を奪われた状態で観察されたものなので，過大評価されていると述べている (Guala, 2012)。人間は，非協力者を罰したいという動機を持っている可能性は十分あるし，そのことを示唆する研究もある。しかし，本来引き出されるはずの罰行動よりはるかに多い罰行動が，これまで実験室実験において観察されてきた可能性がある，というのがグアラの主張である。この可能性を直接検討するためには，罰以外の行動の選択肢を与えたうえで，どの程度罰行動が観察されるのかを調べる必要があるだろう。もし，罰行動が大幅に減少するのであれば，これまでの実験室実験の結果のみに基づいて，人間にはこれほど強い罰に対する選好が備わっているのだと議論するのは，議論を誤った方向に導きかねない危険な主張であろう[14]。

　本章で述べた可能性が正しいとすると，他にもいくつか導き出される予測がある。まず，相手を選択可能な社会的交換において，SD 非協力者との交換関係形成を避けることは，その行為者の評判を低下させないはずである。この点を検討する必要があるだろう。次に，さまざまなサンクションの形態の中で，最も用いられやすいのは他の交換関係からの排除である，という予測も導き出

---

14) 繰り返しになるが，本章では罰行動は一切存在しないと主張しているわけではない。罰行動はおそらく実際に存在するが，それは実験室で観察されたものから推定されるよりも低いレベルに留まっているだろう，と考えるのである。

される。もしそうだとすると，松本らの述べたサンクションが行使される可能性の過大視も，排除の場合には罰の場合よりも更に大きくなる可能性があるだろう。サンクション行使者の観点からは，罰の行使よりも交換関係を形成しないことや無視することの方がハードルが低いと思われるし，そのことを人々は認識していると考えることは自然である。人間が評判や他人の目に非常に敏感であるのも，罰行使を避けるためという以上に，他の交換関係からの排除を避けるためであると考えることもできるだろう。以上のような具体的な予測を検証する実証研究が望まれる。

7. 結び

本章では，これまで理論研究と実証研究の間に齟齬があった規範の実効化メカニズムについて，規範の実効化がほとんどコストを伴わずに他の目的で行われる行動の副産物として成立する可能性を新たに提唱し，最後に，それを直接検討する研究の必要性を述べた。規範の実効化は社会科学における最重要課題の一つである。したがって，本章で提唱した可能性が正しいかどうかは早急に検証する必要がある。もしその結果が本章の主張を支持しないのであれば，また新たな方向性を探る必要があるだろう。あるいは，本章では不完全だと退けた4つの考え方にもう一度立ち戻る必要もあるかもしれない。それに対し，もし本章の主張を支持する結果が得られたら，人間が持っていると思われる「罰したい」という動機は，必ずしも規範の実効化と結びついているとは限らないということを意味する。規範の実効化は他の行動の副産物として説明されるため，「罰したい」という動機を人間が備えていたとしても，規範を実効化するためにそのような動機が存在するのだ，と説明するわけにはいかないからである。それでは，そのような懲罰動機はなぜ存在するのだろうか？ これについてもより詳細な検討が望まれる。

参考文献

Aoki, M. (2001). *Toward a comparative institutional analysis*. MIT press.

Axelrod, R. (1986). An evolutionary approach to norms. *American Political Science Review*, **80**, 1095-1111.
Bateson, N., Nettle, D., & Roberts, G. (2006). Cues of being watched enhance cooperation in a real-world setting. *Biology Letters*, **2**, 412-414.
Bowles, S. (2009). Did warfare among ancestral hunter-gatherer groups affect the evolution of human social behaviors. *Science*, **324**, 1293-1298.
Bowles, S., & Gintis, H. (2011). *A cooperative species*. Princeton University Press.
Boyd, R., Gintis, H., Bowles, S., & Richerson, P. J. (2003). The Evolution of Altruistic Punishment. *Proceedings of the National Academy of Sciences* (USA), **100**, 3531-3535.
Burnham, T. C., & Johnson, D. D. P. (2005). The biological and evolutionary logic of human cooperation. *Analyse & Kritik*, **27**, 113-135.
Coleman, J. S. (1990). *Foundations of Social Theory*. Harvard University Press.
Fehr, E., & Fischbacher, U. (2004). Third party punishment and social norms. *Evolution and Human Behavior*, **25**, 63-87.
Fehr, E., & Fischbacher, U. (2005). Human Altruism. Proximate Patterns and Evolutionary Origins. *Analyse & Kritik*, **27**, 6-47.
Fehr, E., & Gächter, S. (2002). Altruistic punishment in humans. *Nature*, 415(6868), 137-140.
Fehr, E., & Gintis, H. (2007). Human Motivation and Social Cooperation : Experimental and Analytical Foundations. *Annual Review of Sociology*, **33**, 43-64.
Fry, D. P., & Söderberg, P. (2013). Lethal aggression in mobile forager bands and implications for the origins of war. *Science*, **341**, 270-273.
Gintis, H. (2000) . Strong reciprocity and human sociality. *Journal of Theoretical Biology*, **206**, 169-179.
Gintis, H., Bowles, S., Boyd, R., & Fehr, E. (2003). Explaining altruistic behavior in humans. *Evolution and Human Behavior*, **24**, 153-172.
Guala, F. (2012). Reciprocity: Weak or strong? What punishment experiments do (and do not) demonstrate. *Behavioral and Brain Sciences*, **35**, 1-59.
Haley, K.J., & Fessler, D. M. T. (2005). Nobody's watching? Subtle cues affect generosity in an anonymous economic game. *Evolution and Human Behavior*, **26**, 245-256.
Hardin, G. (1968). The tragedy of the commons. *Science*, **162**(3859), 1243-1248.
Heath, A. F. (1976). *Rational choice and social exchange*. Cambridge: Cambridge University Press.
Henrich, H., & Boyd, R. (2001). Why people punish defectors: Weak conformist transmission can stabilize costly enforcement of norms in cooperative dilemmas. *Journal of Theoretical Biology*, **208**, 79-89.
Henrich, J., Boyd, R., Bowles, S., Camerer, C., Fehr, E., Gintis, H., & McElreath, R. (2001). In search of homo economicus: behavioral experiments in 15 small-scale societies. *American Economic Review*, **91**, 73-78.
Houser, D., McCabe, K., & Smith, V. (2004). Cultural group selection, co evolutionary proc-

esses and large-scale cooperation (by Joseph Henrich). *Journal of Economic Behavior & Organization*, **53**, 85-88.

Inaba, M., & Takahashi, N. (2013). Psychological processes of linkage between social dilemmas and social exchange. Presented at the 15th International Conference on Social Dilemmas, Zurich, Switzerland.

神信人・高橋伸幸（2014）．他者の目が気になりますか？　西條辰義・清水和巳（編）実験が切り開く21世紀の社会科学　勁草書房．

Kiyonari, T., & Barclay, P. (2008). Free-riding may be thwarted by second-order rewards rather than punishment. *Journal of Personality and Social Psychology*, **95**, 826-842.

Kurzban, R., DeScioli, P., & O'Brien, E. (2007). Audience effects on moralistic punishment. *Evolution and Human Behavior*, **28**, 75-84.

松本良恵・小野田竜一・神信人（2010）．罰の過大視による二次的ジレンマ問題の回避　日本グループ・ダイナミックス学会第57回大会発表論文集，124-125．

Milinski, M., Semmann, D., & Krambeck, H.J. (2002). Reputation helps solve the 'tragedy of the commons'. *Nature*, **415**, 424-426.

Oliver, P. (1980). Reward and punishments as selective incentives for collective action: Theoretical investigations. *American Journal of Sociology*, **85**, 1356-1375.

Ostrom, E. (1990). *Governing the Commons: The Evolution of Institutions for Collective Action*. New York: Cambridge University Press.

Pinker, S. (2012). *The false allure of group selection*. An Edge Original Essay. http://edge.org/conversation/the-false-allure-of-group-selection

Rand, D., Dreber, A., Ellingsen, T., Fudenberg, D., & Nowak, M. (2009). Positive Interactions Promote Public Cooperation. *Science*, **325**, 1272-1275.

Semmann, D., Krambeck, H. J., & Milinski, M. (2005). Reputation is valuable within and outside one's own social group. *Behavioral Ecology and Sociobiology*, **57**, 611-616.

品田瑞穂（2005）．交換関係の連結と社会的ジレンマ問題の解決　心理学研究，**76**, 163-168．

Sober, E., & Wilson, D. S. (1998). *Unto others: The evolution and psychology of unselfish behavior*. Boston, MA: Harvard University Press.

Takahashi, N., Inaba, M., & Nakagawa, H. (2011). Comparison of four types of sanctioning mechanism. Presented at the 23rd Annual Meeting of the Human Behavior and Evolution Society, Montpellier, France.

Vyrastekova, J., & van Soest, D. (2007). A Note on Peer Enforcement by Selective Exclusion: An Extended Abstract. In S. H. Oda (Ed.). *Developments on Experimental Economics: New Approaches to Solving Real-world Problems* (2007th ed.) Springer Publishing Company, Incorporated. pp. 187-192.

Weber, M. (1922). Wirtschaft und Gesselshaft.（マックス　ヴェーバー　清水幾太郎（訳）（1972）．社会学の根本概念　岩波書店）．

West, S. A., Griffin, A. S., & Gardner, A. (2006). Social semantics: altruism, cooperation, mutualism, strong reciprocity and group selection. *Journal of Evolutionary Biology*, **20**, 425-

432.

Yamagishi, T. (1986a). The Provision of a Sanctioning system as a Public Good. *Journal of Personality and Social Psychology*, **51**, 110-116.

Yamagishi, T. (1986b). The structural goal/expectation theory of cooperation in social dilemmas. *Advances in Group Processes*, **3**, 51-87.

Yamagishi, T. (1988a). Seriousness of social dilemmas and the provision of a sanctioning system. *Social Psychology Quarterly*, **51**, 32-42.

Yamagishi, T. (1988b). The provision of a sanctioning system in the United States and Japan. *Social Psychology Quarterly*, **51**, 265-271.

山岸俊男 (2001)「社会的交換の理論」中島義明（編）現代心理学「理論」事典　朝倉書店. pp. 620-640.

Yamagishi, T., & Sato, K. (1986). Motivational bases of the public goods problem. *Journal of Personality and Social Psychology*, **50**, 67-73.

Yamagishi, T., & Takahashi, N. (1994). Evolution of norms without metanorms. in U. Schulz, W. Albers, & U. Mueller (eds.), *Social Dilemmas and cooperation*. Springer-Verlag. pp. 311-326.

第4章　間接互恵性状況での人間行動

1. はじめに

　人間社会は助け合いによって成り立っている。なぜ人は他者を助ける行動をとるのか，ただ乗りが可能な大規模な集団における相互協力状態がいかにして維持されうるのかという問題が，近年，様々な分野で研究の焦点とされている。本章では，助け合いを支える原理のひとつである間接互恵性をテーマとして取り上げ，実験室実験を用いた実証データから間接互恵性の理論の検証を試みるとともに，社会科学における理論研究と実証研究の意義について議論する。

2. なぜ利他行動が存在するか？

　人はなぜ，他者に対して利他的に振る舞うのだろうか。家族や友人が困っているのを見ると，多くの人は自分の時間や労力や金銭を費やしてでも助けようとする。さらにはさほど親しくない相手や見知らぬ人との間で助け合う行動すら，社会には広く観察される（e.g., 募金やボランティア活動，献血など）。こうした，行為者がコスト[15]を支払って他者に利益を与える行動は利他行動（協力行動）と呼ばれるが，利他行動は行為者自身が損失を被る行動である。そのため「なぜ人は利他行動をとるのか」という問いが心理学や人類学をはじめとする様々な分野において古くから焦点とされ続けてきた。
　この問いに対する最も直感的な答えは，「人間には他者を助けたいという動機や感情が生まれつき備わっている」という至近因に関する答えだろう。その

---

15) 物や金銭などの物質的財のみならず，他者を助けるために費やす時間や手間，認知的資源などの非物質的財を含む。

ため古くから心理学者によってこうした利他行動の至近因を明らかにすることを焦点とする研究が数多く行われてきた。しかし，至近因アプローチの問題は，利他行動についてのさらに一歩踏み込んだ問い——そもそもなぜ人間には利他行動を促進する動機や感情が備わっているのか？——に対しては答えることができないことにある。この問いに対する答えを提供することを可能にするのが適応論的アプローチである。適応論的アプローチでは，人間が利他的に振る舞う性質を生得的に備える（もしくは社会の中で身につける）のは，利他行動をとることが行為者自身にとって得になる仕組みが存在するからであると考える。そのような前提の下で，利他的に振る舞う個人が損失以上の利益を得る（適応的となる）仕組みの解明を目指すのが，利他行動に対する適応論的アプローチの要諦である。適応論的アプローチは生物の備える様々な特性がなぜ特定のかたちで備わったのかに説明を与える有効な研究枠組みである。以下より，人間の利他行動を適応的にするとして提唱されている代表的な原理を紹介する。

3. 利他行動の適応的基盤

●直接互恵性

利他行動を適応的にする仕組みとして最もよく知られるのが，直接互恵性の原理である。直接互恵性の骨子は，利他行動をとった者は相手から将来お返しをしてもらえるために，利他行動は長期的には適応的となるというものである（Axelrod, 1984; Trivers, 1971）。二者関係が長期に渡って継続すると期待できる状況では，直接互恵性は利他行動を適応的にするシンプルにして強力な原理であり，人間のみならず他の動物でも直接互恵性に基づく利他行動が観察されている。

しかし，人間同士の助け合いは，必ずしも相手からのお返しが期待できる状況でのみ生じるわけではない。相手からの将来の返報が期待できない，すなわち直接互恵性が成り立たない場合でも，人は他者を助ける行動をとる。このような直接互恵性に基づかない助け合いは他の動物には例の少ない，人間に特有の現象として知られている。そのような助け合いはなぜ可能なのだろうか。

3. 利他行動の適応的基盤

●間接互恵性

　直接互恵性の成り立たない状況における利他行動の成立を説明する原理として近年注目されている原理が，間接互恵性である。間接互恵性の要点は「情けは人のためならず」ということわざで端的に表現することができる。すなわち，利他行動は回り回って別の他者から報われるという仕組みを，間接互恵性と呼ぶ。この原理が成り立つならば，たとえ助けた相手からの直接の返報がなくとも，利他行動は結果的に行為者に利益をもたらす適応的な行動となる。間接互恵性は，人間が血縁関係や長期間継続する二者関係などの狭い関係を超えた助け合いを可能とする，大規模な集団の形成・維持の基盤となる原理である。

　それでは，間接互恵性はいかにして実現可能だろうか。20世紀終わり頃から，生物学を中心に間接互恵性が成立する仕組みの解明を焦点とする理論研究が行われ始めた。それらの研究は共通して，「良い評判の持ち主（過去に適切な利他的振る舞いをした者）に対してのみ，利他的に振る舞う」という選別的な利他行動を人々がとることが，間接互恵性が成り立つための最も重要な前提であることを指摘している。もし人々が利他行動を何の選別基準も持たずに無差別に行うならば「他者を助ける人は将来誰かから助けてもらえるが，他者を助けない人は誰からも助けてもらえない」という間接互恵性は成り立たない。しかし，もし人々が過去に利他的に振る舞った者を評判情報から識別し，そのような対象に対してのみ利他的に振る舞う選別基準を備えているならば，利他行動は将来他者から助けてもらえる確率を高める適応的行動となる。そして間接互恵性が成立後，安定して社会に維持され続けるためには，そのような選別基準を備えること自体が，個人にとって適応的である必要がある。なぜなら「人々が特定の基準に基づいて選別的に利他行動をとる」状態が偶然にしか生じないのであれば，間接互恵性は偶然にしか出現しないし，一時的に成立してもまたすぐに崩壊すると予想されるからである。

　そのため，間接互恵性の成立を可能とする適応的な選別基準（評判割り当て戦略：どのような振る舞いをした人を「良い評判の持ち主」とみなし，助けるか）とはどのようなものかをめぐり，シミュレーションや数理解析を用いた理論研究が行われてきた。それらの研究の目的は，間接互恵性を成り立たせる有効な規範（どのような行動を適切とみなし，どのような行動を不適切とみなすか）を見

第4章　間接互恵性状況での人間行動

出そうとする試みであると言い換えてもよい。直接互恵性に基づかない利他行動を適応的にする，そしてなおかつ人々の間で自己維持的に保たれる（その規範を良しとして従うことが個人にとって適応的となる）規範を探し，それが維持される仕組みを解明することが，間接互恵性の理論研究が目指すものである。以下に，理論研究から示された代表的な選別基準を紹介する。

●間接互恵性の理論研究
ギビング・ゲーム

理論研究の紹介をする前に，直接互恵性によって説明できない利他行動を扱うための枠組みであるギビング・ゲームについて説明する。これは，プレイヤーが一方的に相手に対して資源を提供するゲームである。多数のプレイヤーからなる集団の中から，毎回ペアがランダムに選出され，一方に「渡し手」の，もう一方に「受け手」の役割が割り当てられる。渡し手は，コストを支払って受け手に資源を提供するか提供しないかを決定する。資源を提供された受け手はコストを上回る利益を獲得する。

渡し手は資源を提供するかどうかを決定する際に，受け手の評判を参照する。プレイヤーは，良い評判の持ち主（Good）に対しては資源を提供し，悪い評判の持ち主（Bad）に対しては提供しない[16]。そして，どのような行動をとった者に良い（悪い）評判を割り当てるかという評判のつけ方を，評判割り当て戦略（戦略）と呼ぶことにする。また，プレイヤーは小さな確率で，行動のエラーと知覚のエラーという二種類のエラーを起こす。行動のエラーとは，渡し手が誤って本来とるはずの行動とは逆の行動をとってしまう（たとえば，提供するつもりだったのに非提供をとってしまう）エラーであり，知覚のエラーはプレイヤーが渡し手の行動を見誤るエラーである。

ギビング・ゲームでは渡し手が受け手から返報や報復を受ける可能性がない

---

16) ここでは単純化のため，全員が「良い評判の持ち主には提供し，悪い評判の持ち主には提供しない」ことを前提とする枠組みを用いて説明しているが，「良い評判の持ち主に提供するかどうか」「悪い評判の持ち主に提供するかどうか」が戦略によって異なると想定する研究も行われている。詳しくは，本書「協力の進化：人間社会の制度を進化生物学からみて」（巖佐　庸）の章を参照されたい。

3. 利他行動の適応的基盤

ため，1回のやり取りのみを取り出すなら，常に非提供をとる個体（ALLD: always defect）が最も大きな利益を得ることになる。このようなゲームにおいて，提供行動をとる利他的なプレイヤーがALLDを上回る利益を獲得し，利他的なプレイヤーが互いに提供しあう共栄状態がいかにして達成可能かを探るのが，理論研究の焦点である。

イメージ・スコアリング（IS）

間接互恵性を成立させる戦略として最初に提唱されたのが，イメージ・スコアリング（以下IS）である（Nowak & Sigmund, 1998a, b）。ISは，資源を提供した者に良い評判を，提供しなかった者に悪い評判を割り当てる，きわめてシンプルな戦略である。しかし後続研究から，ISには大きな問題点があることが指摘されている（e.g., Panchanathan & Boyd, 2003）。集団内に，誰にでも提供する無条件利他主義者ALLC（always cooperate），誰にも提供しない無条件利己主義者ALLD，ISを採用するプレイヤーの3種類がいるとする。ISは常に非提供をとるALLDには提供しないため，ALLDの利益は相対的に小さくなり，集団から駆逐される。しかし問題は，ALLDに提供しなかったISの立場である。ISのALLDに対する非提供はいわば罰として行われたものであるにも関わらず，他のプレイヤーからは，そのISは「非提供をとった人＝悪い評判の持ち主」と見なされ，提供を受ける機会を失ってしまう。このようにしてISは互いが互いを罰しあうこととなり，間接互恵性を崩壊させてしまうのである。

そこで，このようなISの問題点を克服し，間接互恵性を成立させる新たな戦略が検討され始めた。それら新たな解決策には，ある共通の特徴がある。それは，ISも用いていた「提供したかどうか」という情報（一次情報）のみならず，「どのような受け手にその決定を行ったのか（提供もしくは非提供した相手が良い評判の持ち主だったのか，悪い評判の持ち主だったのか）」という，より高次の情報（二次情報）を用いて評判を判断するという特徴である。ただし二次情報をどのように用いるかについてはいくつかの異なる戦略があり，大別して2つのタイプの評判戦略が間接互恵性の成立を可能にする有効な戦略として提唱されている。以下，2つのタイプの二次情報使用戦略について説明する。

寛容な二次情報使用戦略

　ISの問題点を克服する解決策として提案された第1の評判割り当て戦略が，二次情報を使用する「寛容な」戦略（以下，寛容戦略）である（e.g., Leimar & Hammerstein, 2001; Ohtsuki & Iwasa, 2004; Panchanathan & Boyd, 2003）。寛容戦略は次のような特徴をもつ。寛容戦略は資源を提供した渡し手には，良い評判を割り当てる[17]。ただし，資源を提供しなかった渡し手に対しては，寛容戦略は二次情報の内容に基づき，評判割り当てを変えるのである。具体的には，渡し手が「良い評判の持ち主」に対して提供しなかった場合は，悪い評判を割り当てる。一方，「悪い評判の持ち主」に対して提供しなかった場合には悪い評判は割り当てず，渡し手は良い評判をそのまま維持し続ける。寛容戦略の評判の割り当てを，表4-1を用いて整理する。表4-1の行が渡し手の行動（一次情報），列が受け手の評判（二次情報）を表している。一次情報と二次情報の組み合わせから渡し手は「①Good（良い評判の受け手）への提供者」「②Bad（悪い評判の受け手）への提供者」「③Good（良い評判の受け手）への非提供者」「④Bad（悪い評判の受け手）への非提供者」の4種類に分類される。寛容戦略は，提供者（①②）の二次情報は気にしないが，非提供者に対しては二次情報を用い，良い評判の持ち主と出会ったにも関わらず非提供をとった者（③Goodへの非提供者）に対しては悪い評判を割り当てる一方で，悪い評判の持ち主と出会ってやむを得ず（あるいは罰として）非提供をとった非提供者（④Badへの非提供者）は見逃し，悪い評判を割り当てない[18]。つまり「ある人が誰かを助けなかった」という情報だけでその人を悪い人と判断するのではなく，そこで「助けなかったのは，相手がいつも人の手助けをしない評判の悪い人だったからである」ことがわかった場合には，助けなかったのもやむを得ないと判

---

[17] 寛容戦略は「良い評判の持ち主に提供した渡し手」には必ず良い評判を割り当てる。「悪い評判の持ち主に提供した者」に対しては，良い評判を与える戦略がうまくいくという研究と，良い評判と悪い評判のどちらを与えてもよいという研究がそれぞれある。しかしいずれにせよ，寛容戦略を提唱するこれらの研究の主張は，提供者を二次情報から区別する必要はないということである。

[18] 利己主義者への罰＝正当化できる非提供を見逃す寛容性を備えるという点で，このような特性を備える評判割り当て戦略を寛容戦略と呼ぶことにする。

3. 利他行動の適応的基盤

表 4-1 一次情報と二次情報の組み合わせによる 4 つのタイプ　一次情報と二次情報の組み合わせから渡し手はこの 4 つのタイプに分類される。

		受け手の評判	
		Good（良い評判の持ち主）	Bad（悪い評判の持ち主）
渡し手の行動	提供	① Good への提供者	② Bad への提供者
	非提供	③ Good への非提供者	④ Bad への非提供者

断し，それを悪い行動とはみなさないのが，寛容戦略である。そのため寛容戦略は IS のように互いに罰しあって間接互恵性を崩壊させてしまうことはない。シミュレーションと数理解析を用いたいくつかの研究は，この寛容戦略が広い範囲で利己主義者の侵入を許さない進化的に安定な，間接互恵性を成立させる戦略であるという結果を示している（e.g., Leimar & Hammerstein, 2001; Ohtsuki & Iwasa, 2004; Ohtsuki & Iwasa, 2006; Panchanathan & Boyd, 2003）。

ただし寛容戦略が成功するか否かは，モデルの設定に依存するとの指摘もなされている。社会の構成員全てが同じ評判割り当て戦略を採用し，かつ誰がどのような評判の持ち主かに関する知覚がプレイヤー間で異ならない（メンバー間で，評判認識に差がない）場合には寛容戦略は間接互恵性を維持可能な頑健な戦略であるが，そのようなことを前提としない場合（見間違いや伝達のミスなどによりメンバー間で「どの人が良い（悪い）評判の持ち主か」の認識に相違が生じうる場合）には，寛容戦略は必ずしも ALLC の，そして次いで ALLD の侵入を阻止できず，間接互恵性が維持できない可能性が指摘されている（Takahashi & Mashima, 2006）。

厳格な二次情報使用戦略

間接互恵性を成り立たせるもう一つの可能性として提案されたのが，二次情報を使用する「厳格な」戦略（以下，厳格戦略）である（e.g., Pacheco, Santos, & Chalub, 2006; Takahashi & Mashima, 2006）。「誰に提供しなかったのか」を二次情報を用いて区別することが寛容戦略の特徴であるのに対し，厳格戦略の特徴は，「誰に提供したのか」を二次情報を用いて区別することにある。渡し手が提供行動をとった場合，IS や寛容戦略ならば，それがどのような評判の持ち主に対する提供だったかとは無関係に，渡し手に良い評判を割り当てればよい

123

（表 4-1 の①②の両方に良い評判を割り当ててよい）。これに対し厳格戦略は，渡し手が良い評判の持ち主に提供した場合（① Good への提供）には良い評判を割り当てるが，悪い評判の持ち主に提供した場合（② Bad への提供）には，悪い評判を割り当てる。たとえば，誰からも悪人とみなされている評判の悪い人を助けたら，その助けた人も「悪い人」と判断するのが厳格戦略の評判の割り当て方である。つまり，良い評判の持ち主に対する選別的な提供行動のみを適切とみなす，厳しい選別基準を備えるのが厳格戦略である[19)]。

　厳格戦略の成功の鍵は，利己主義者（ALLD）を排除するのみならず，利己主義者を助ける無条件利他主義者（ALLC）の増加を抑制することにある。寛容戦略は，選別的な利他行動（① Good への提供）と無条件の利他行動（② Bad への提供）を区別しない，つまり ALLC を積極的には排除しないため，ALLC からの侵入に対し比較的脆弱である。そして誰にでも提供してしまう ALLC の増加は利己的な ALLD の侵入・増加可能性を高めるため，ALLC の増加を食い止められなければ間接互恵性は最終的には崩壊に至るのである。これに対し，厳格戦略は非選別的な利他行動（② Bad への提供）を許容せず，そのような振る舞いをする ALLC を積極的に排除する。そのため，厳格戦略の採用者が多数を占める集団では ALLC は増加することができず，ALLD の侵入を許すこともないのである。

　ただし，厳格戦略はその厳格さゆえに，集団内の協力レベルを引き下げてしまうというデメリットがある。特に「良い評判の持ち主に提供した渡し手（① Good への提供者）のみに良い評判を割り当て，他は全て悪い評判を割り当てる」という最も厳しい基準の厳格戦略の下では，悪い評判の受け手とマッチングされてしまった不運な渡し手の評判までもが Bad へと変化してしまう。そのため，ゲームを膨大な回数繰り返す場合には次第に集団内の「悪い評判の持ち主」の比率が増加してゆき，提供行動の頻度も低下してしまうという問題点が指摘されている（Takahashi & Mashima, 2006）。

---

19) なお厳格戦略は，良い評判の持ち主に対する非提供者（③）には悪い評判を割り当てる。悪い評判の持ち主への非提供者（④）へ割り当てる評判は Good・Bad のどちらでもよい。

4. 間接互恵性の実証研究

●実際に人間はどのように振る舞うか？

　これまでの理論研究の成果は次のようにまとめることができる。間接互恵性が成立し，直接互恵性に基づかない利他行動が適応的となるためには，人々が何らかの評判割り当て戦略に基づいて利他行動を決定する必要がある。そして評判割り当て戦略は，他者の行動に関する一次情報のみならず，二次情報まで用いて対象を選別するものでなければならない（寛容戦略もしくは厳格戦略）。

　理論研究の成果から人間社会における間接互恵性の成立条件についての結論を導くにあたり，次に調べる必要があるのは「実際に人間はどのように行動するのか？」という点である。扱う対象が現実の人間行動や社会現象である以上，理論モデル内での検証のみでは不十分であり，モデルの結論を実証データから検証することが必要不可欠である。

●モデル研究の目的と限界

　まず，モデル（理論）研究の目的を確認しておこう。現実の人間行動には種々雑多な要因が影響を与えるため，ある特定の条件が，研究焦点とする行動や社会状態の生起にどのような影響を与えているのかを，観察のみから確かめることは困難である。そこで，雑多な要因を排除した単純な状況設定の下で，特定の条件がエージェントの行動や社会状態にいかなる影響を与えるかを論理的に演算し導き出すモデルを作成するのである。つまりモデルは，焦点とする以外の要因をそぎ落とすことで「特定の条件下ではある帰結が論理的に生じうる」ことを明快な形で示す，いわば思考実験の有用な道具だといえる。しかし注意しなければならないのは，モデルの結果は，あくまで「モデルに投入した前提の下ではそうなる」ことを示すのみに過ぎないということである。たとえば何らかの社会現象の生起モデルを作ろうとする場合，研究者はその現象に影響を与えそうな要因をモデルに組み込もうと試みる。しかしどのような要因をモデルに組み込み，また組み込まないかはモデル作成者の裁量に任されるため，意図せずしてモデルを現実にそぐわない枠組みで作成してしまったり，真に考

慮すべき重要な要因を組み込み損ねてしまったりする可能性は常にある。
　このようなモデル研究の限界に対処するひとつの方法が，実証データによる検証を行うことである。作成したモデルが必要十分な要因を組み込んだ，現実を説明する妥当なモデルであるならば，モデルが適応的であると導き出した行動の性質を，現実の人間も進化ないしは日々の生活の中での学習の結果として実際に身につけるに至っていると考えられる。一方，もし実際に人間が示す行動パターンがモデルとは異なるものであった場合は，その事実はモデルの設定が不適切である可能性を示唆するものであり，モデルが想定すべき要因や前提を発見するための有効な手がかりになる。特に理論研究における結論が一貫しない場合には，実証研究の意義は非常に大きい。社会や人間を扱う理論に対しては，実証データに基づく検証が不可欠といえよう。

●先行実証研究
　それでは間接互恵性状況では，人間は実際にどのように行動するのだろうか。ギビング・ゲームでの行動を測定した実験はこれまでにもいくつか行われているが（e.g., Bolton , Katok, & Ockenfels, 2005; Milinski, Semmann, Bakker, & Krambeck, 2001; Wedekind & Milinski, 2000），実験目的の違いや実験方法・分析手法等の問題から，「他者の行動の一次情報と二次情報をどのように用いるのか」を十分に検証するにはいまだ至っていなかった。そこで筆者は，他者の行動履歴の一次情報と二次情報を計画的に操作し，人々がどのように情報を用いて他者への利他行動を決定するのかを測定する実験を行った（真島，2008）。実証データと理論研究の結果を照らし合わせることによってその妥当性を検討するとともに，間接互恵性状況で人々が採用している（かもしれない）戦略が，人間のどのような心理基盤に立脚して実装されているのかを探ることが，実験の目的である。

5. 一次・二次情報を統制した間接互恵性実験

●強制的プレイと選択的プレイ
　実験内容をくわしく説明する前に，評判に基づいて利他行動をとる間接互恵性場面とはどのようなものであるかについて，少し考えてみたい。間接互恵性

5. 一次・二次情報を統制した間接互恵性実験

の理論研究の多くでは，直接互恵性を排除した利他行動場面を最も単純に表現する状況設定として，渡し手が強制的にマッチングされた受け手に対して行動を決定するという，「強制的プレイ状況」が用いられてきた。これは，たまたま資源を手にした人（渡し手）の前に資源を必要とする他者（受け手）が偶然現れ，渡し手が受け手に対して資源を提供するか，提供を拒否するかを決定する，という状況である。たとえば，雪道で車がスタックして困っている人に偶然出会った際に，その人を助けるか，見捨てて走り去るかを決めなければいけない場合などがこれにあたる。しかし，これとは異なるタイプの間接互恵性状況も現実には存在する。それは，たまたま資源を手にした渡し手が，誰に資源を提供するかを自ら選ぶ，という状況である。このような状況を「選択的プレイ状況」と呼ぶ。たとえば，土産やもらい物をおすそわけしに行く場面や，誰かが人手を必要としていると伝え聞いて手伝いに行く場面などである。具体的には，たとえば農村で，（自分自身の農地では作っていない）ある作物の収穫シーズンに，何人かの村人が農作業の手伝いを必要としており，手が空いていれば誰かのところに手伝いに行ってもよいと考えているとしよう。その際，多くの人は，他人を助けないフリーライダーとしての悪評高い人のところへあえて助けに出向こうとはせず，どうせ手伝うならば，普段から他者を助けている評判の良い人の手助けに向かおうとするだろう。このように，評判に基づいて利他行動の対象を選べる選択的プレイ状況で，間接互恵性が成立する場面も存在するものと考えられる[20]。

強制的プレイ・選択的プレイの2つの状況の最大の違いは，評判に基づいて行動する選別的利他主義者の，評判の悪い受け手への対処の仕方である。強制的プレイ状況では受け手を変更することができないため，運悪く評判の悪い相

---

20) 提供対象を自由に選べる選択的プレイ状況では「過去に自分を助けてくれた人」を選んで資源を渡すことも可能であるため，間接互恵性のみならず，直接互恵性に基づく交換も促進される。事実，現実の利他行動のより多くの部分は間接互恵性よりも直接互恵性によって説明されるだろう。しかし相手を選んで行われる利他行動の全てが，必ずしも「自分を助けたという過去の持ち主」のみに向けられるわけではない。それまでつきあいはなくとも，利他的であるという評判の持ち主が資源を必要としていたら，その人に資源を渡してあげようとすることはあるだろう。このような，現実社会における利他行動のうち，直接互恵性のみでは説明できない部分を成り立たせるのが，間接互恵性であると考えられる。

第4章　間接互恵性状況での人間行動

手と組み合わされてしまった場合は，提供を拒否する（非提供）しかない。一方選択的プレイ状況では，特定の相手に非提供の表明をする必要はなく，評判の悪い相手を避け評判の良い相手を選んで提供することで，「良い評判の持ち主だけを助ける」選別的利他行動を実行できる。つまり，選択的プレイ状況では誰かへの提供を拒否することなく，即ち自らの評判を傷つけるリスクを負うことなく人々が選別的利他行動に従事し間接互恵性を維持することが可能な状況である。現実に存在する間接互恵性状況は必ずしも強制的プレイ状況に近い場面ばかりではなく，このような選択的プレイ状況に近い場面もあるのではないだろうか。

　また，他者のために使える利他行動の資源が一切保存のきかない，その場でしか使うことができないもの（すぐに腐ってしまう食べ物など）である場合には，確かに資源を手にした渡し手はたまたま最もそばにいる人にあげるか，自分で消費するかという二択の意思決定を行わなければならないかもしれない。これは強制的プレイ状況に該当する。しかし時間や労力などを含め，資源が「とっておいて別の場面で使う」ことができるものである場合には必ずしもそのような二択の意思決定を行うわけではないだろう。出会った人に資源を使いたくなければその場では使わずにとっておき，資源を提供してもよいと思える相手が見つかったら渡す，ということも現実にはしばしばあるのではないだろうか。これは選択的プレイ状況にあてはまる状況である。先の，農作業の手伝いに行く相手を選ぶ場面においても，手伝いを必要としている人が常に一人であるとは限らないし，また，たとえある時に手伝いを必要としている人が一人のみであったとしても，周囲の人々はその人を助けたいと思わないのならば「あなたを手伝いたくない」とわざわざ拒否を表明しに行く必要はない。単に他の人の手伝いに行くか，あるいは別の機会に他の人の手助けをできるよう，時間や体力を温存してやり過ごせばよいだけである。このように考えると，利他行動の資源を特定の一人にしか使えないという強制的プレイ状況ではなく，複数の他者の中から提供対象を選べる（提供したい相手のために温存しておく）という選択的プレイ状況に該当する間接互恵性場面も，現実には多く存在するのかもしれない。

　強制的プレイ状況はその数学的な単純さから理論研究の多くで用いられてき

たが，もし現実の間接互恵性場面の多くが強制的プレイ状況よりも選択的プレイ状況に近い（評判の悪い相手に対する利他行動を面と向かって拒むのではなく，その人を避けることで対処する）ことが多いのであれば，強制的プレイの設定を用いた実験では，人々が現実社会で身につけた評判割り当て戦略を適切に引き出し測定することができないかもしれない。同様に，現実の間接互恵性場面の多くが強制的プレイ状況に近いのであれば，選択的プレイ状況の実験デザインは測定の正確さを損なう可能性がある。しかし，人々が日常に直面する状況の性質がどちらの状況により近いのかは自明ではない。そこで本実験では，強制的プレイ状況のゲームを行う条件と，選択的プレイ状況のゲームを行う条件を設け，それぞれにおける参加者の行動を測定することとした。

●選択的プレイ状況での行動履歴

選択的プレイ状況の間接互恵性場面で，行動履歴がどのようにあらわされるかについて少々説明しておきたい。選択的プレイ状況でも強制的プレイ状況におけると同様，個人の行動履歴は一次情報と二次情報から4タイプ（「① Goodへの提供者」「② Badへの提供者」「③ Goodへの非提供者」「④ Badへの非提供者」）に分類することができるが，分類のしかたが強制的プレイ状況とは少し異なっている。選択的プレイ状況における①～④は概念的には，①は「良い評判の持ち主を選んで提供した人」，②は「悪い評判の持ち主を選んで提供した人」，そして③は「良い評判の持ち主がいたにも関わらず，誰にも提供しなかった人」，④は「良い評判の持ち主が誰もいない（悪い評判の持ち主しかいない）状況で，誰にも提供しなかった人」と定義することができる。強制的プレイ状況と特に異なるように見えるのは，③と④の定義である。選択的プレイ状況では受け手を強制的に割り当てられるわけではないので，強制的プレイ状況でのような明確な「非提供の相手」は存在しない。しかしこのように定義することで，「その気さえあれば良い評判の持ち主に提供できたはずなのにしなかった」正当化できない非提供（③）と，「良い評判の持ち主に提供することができなかったための，やむを得ずの非提供」である正当化できる非提供（④）を，強制的プレイ状況におけると同様に区別することができる。ただし，そもそも選択的プレイ状況では④が出現する状況（良い評判の持ち主が誰一人としていない状況）

は理論的にも現実においてもごくごく稀にしか生じないと考えられるため、③と④を区別することの必要性は選択的プレイ状況においては非常に小さい[21]。さらに、実験において「集団内に良い評判の持ち主が1人もいない状況」を参加者に疑念を抱かせることなく定期的に出現させることが、実行上、非常に困難であることから、以下に説明する実験の選択的プレイ状況条件では④は提示せず、二次情報を用いて提供者を区別するかについてのみ、測定を行うことにした。

●実験方法

実験内容について説明する。次のような実験を、大学の学部学生を参加者として行った。参加者はパソコンの設置された実験用個室に案内され、強制的プレイ状況(強制的プレイ条件)もしくは選択的プレイ状況(選択的プレイ条件)いずれかのギビング・ゲームを、合計27回繰り返して行った。参加者には実験開始前に、これから他の7人の参加者とグループになり、パソコンを通じて「お金のやり取り」を繰り返し行うこと、実験で得たお金が実験終了後に支払われることなどを説明した上で、実験に取り組ませた。

お金のやり取り(ギビング・ゲーム)の内容

参加者が行った「お金のやり取り」について説明しよう。やり取りのルールは次のようなものである。各参加者には毎回、元手として50円が与えられる。参加者はその元手を他の7人の参加者のうち1人に対して渡すことができる。元手を渡した場合、元手は実験者によって倍額の100円にされて相手に渡る(自分の手もとには元手は残らない。以後、元手を渡すことを提供と呼ぶ)。一方、元手を渡さないことを選んだ場合は元手50円がそのまま自分のものになる(以後、元手を渡さないことを非提供と呼ぶ)。

やり取りでの行動決定時には、各人のパソコン画面に他の参加者の「前回の

---

21) 事実、選択的プレイ状況で行われたシミュレーション研究では、「良い評判の持ち主が誰もいない状況」は(1500回のギビング・ゲーム×10000世代×30レプリケーションの繰り返しの中で)ほとんど出現せず、そのため2種類の非提供者を区別するかどうかは戦略の有効性に影響することもなかった(真島・髙橋, 2005)。

行動内容」が表示され，参加者はそれを見ながら決定を行うことができる。ただし個人を特定できる情報は表示されず，どの情報が誰のものなのかはわからないようになっていた。また，毎回のやり取りが終了する度に，各参加者にその回のやり取りでの獲得金額が伝えられる。なお，各人の画面に提示されるこれらの他者の行動履歴情報（前回の行動内容）やフィードバック情報は，実は全てプログラムによって制御された偽の内容であり，実験内で参加者同士の相互作用が行われることは実際にはなかった。これは，参加者に見せる一次情報と二次情報を操作することで，参加者の前に「① Good への提供者」「② Bad への提供者」「③ Good への非提供者」「④ Bad への非提供者」をそれぞれ少なくとも複数回，偏りなく登場させるための措置である。もし情報を操作せずに実際に相互作用を行わせ，実際の行動履歴情報を参加者に提示したならば，高確率で各タイプの出現頻度に偏りが生じることになり，各タイプに対する参加者の行動を十分に測定できない可能性が危惧された[22]。そのため，本実験では参加者に見せる情報は全て操作されたものを用いることにした。

条件（強制的プレイ・選択的プレイ）

　実験ではお金のやり取りの状況に関する条件として，元手を提供する対象が強制的に割り当てられる強制的プレイ条件と，参加者自身が選ぶことができる選択的プレイ条件を用意した。参加者はどちらか一方の条件に割り振られ，やり取りを行った。各条件で参加者が行ったやり取りの内容はそれぞれ次のようなものである。

　強制的プレイ条件のやり取りでは，参加者には毎回，他の7人の中からコンピュータによってランダムに選ばれた受け手1人が割り当てられる。パソコン画面にはその受け手1人が前回のやり取りでどのような行動をとったかに関する情報が表示され，参加者はその受け手に対して元手を渡すか，渡さないかを決定する。

---

22) この実験に先立ち，情報を一切操作せず参加者に実際に相互作用を行わせた予備実験を行ったが，その結果は，やり取り内で①～④が登場する頻度がセッションによっては極端に偏ってしまうことを示すものだった。

第4章　間接互恵性状況での人間行動

一方，選択的プレイ条件のやり取りでは，毎回，画面に全参加者の前回のやり取りでの行動情報が表示され[23]，参加者は他の7人の中から1人を選んで元手を渡すことができる（誰にも渡さないこともできる）。

行動履歴情報の内容

続いて，画面に表示される他の参加者の行動履歴情報（1回前のやり取りでの行動内容）について，条件別にくわしく説明する。

図4-1は，強制的プレイ条件で表示された実験画面のサンプルである。強制的プレイ条件では，割り当てられた受け手に関する以下の情報が提示された。まず受け手の行動履歴の一次情報として「その人（受け手）が1回前のやり取りで元手を提供したかしなかったか」という情報，そして更に二次情報として「その人が1回前に割り当てられていた受け手」が2回前の提供者だったか，非提供者だったか（つまり，その人の1回前の行動が「提供者への行動」だったか「非提供者への行動」だったのか）という情報も画面に表示された。なお実験ではこれらに加え，理論研究が想定していたよりもさらに高次の情報まで人々が用いる可能性を考慮するとともに，やり取りの連続性を参加者に意識させるために，三次情報（「その人が1回前に割り当てられていた受け手」の2回前の受け手が，3回前の提供者だったか，非提供者だったか）も追加して提示した。したがって画面に表示される可能性のある受け手の情報は図4-2に示される8種類である（「①提供者への提供者」2種類，「②非提供者への提供者」2種類，「③提供者への非提供者」2種類，「④非提供者への非提供者」2種類）。実験では，これら8種類の受け手が各3回ずつ，ランダムな順番で参加者に割り当てられた[24]。

選択的プレイ条件のやり取りでは，画面にグループ全員（8人）の行動履歴の一次情報・二次情報・三次情報が並べて表示され，参加者はそれを見ながら誰に元手を提供するか（誰にも提供しないか）を選ぶことができた。図4-3が，選択的プレイ条件での実験画面のサンプルである。一番上の行に一次情報とし

---

[23] 誰の情報が画面のどの位置に表示されるかは毎回シャッフルされた。
[24] やり取りの1～3回目までは一次・二次・三次情報が出そろわない状態であるため，この開始直後の3回に，8種類の受け手それぞれを3回ずつ割り当てるための24回を加えた合計27回をやり取りの回数として設定した。

5. 一次・二次情報を統制した間接互恵性実験

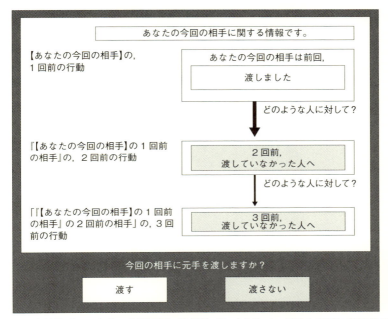

図 4-1　強制的プレイ条件の実験画面　強制的プレイ条件での行動決定時に参加者に提示された，実験画面のサンプル。1番上のボックスに「その回に自分が割り当てられた受け手が前回，誰かに元手を渡したかどうかという情報（一次情報）」が，2番目のボックスに「その受け手の前回の受け手が，（2回前に）誰かに元手を渡した人だったか，渡さなかった人だったかという情報（二次情報）」，3番目のボックスに「その受け手の前回の受け手が（2回前に）行動を決定した受け手が，（3回前に）誰かに元手を渡していた人だったか，渡していなかった人だったかという情報（三次情報）」を表示した。

て「その人が1回前のやり取りで元手を提供したか，しなかったか」の情報が表示されている点は，強制的プレイ条件と全く同じである。ただし，二次情報以降の情報は，1つ前のレベルの情報内容が「提供」であった場合にのみ表示される点が，強制的プレイ条件とは異なっている。ある人の一次情報の内容が「1回前に提供した」である場合（例：図4-3のEさん・あなた・Gさん・Hさん・Iさん・Kさん）には，二次情報として「その人が1回前に提供した相手が『2回前の提供者』だったのか「2回前の非提供者」だったのか」という情報

133

第4章　間接互恵性状況での人間行動

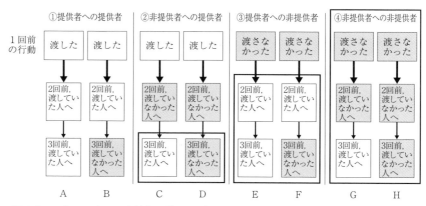

図4-2　**一次・二次・三次情報に基づく受け手のパターン**　参加者に表示された行動履歴の一次・二次・三次情報の組み合わせパターンを全て図示したもの（実際の実験画面をキャプチャしたものではない）。やり取りの1回目は情報が表示されず，2回目は一次情報のみ，3回目は一次情報と二次情報のみが表示された。AとBが「①提供者への提供者」，CとDが「②非提供者への提供者」，EとFが「③提供者への非提供者」，GとHが「④非提供者への非提供者」に該当する。なお，線で囲まれた部分は，選択的プレイ条件では表示されなかった。

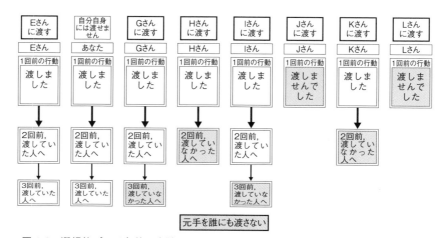

図4-3　**選択的プレイ条件の実験画面**　選択的プレイ条件での行動決定時に参加者に提示された，実験画面のサンプル。グループ全員の行動履歴が表示され，それを見ながら好きな相手を選んで元手を提供できるが，自分自身に提供することはできない。

が一次情報の下に表示される。更に、二次情報の内容が「2回前の提供者」（に対してその人は1回前に提供した）であった場合（例：図4-3のEさん・あなた・Gさん・Iさん）には、二次情報の下に更に三次情報として「その人が1回前に提供した相手が2回前に提供していたのが『3回前の提供者』だったのか『3回前の非提供者』だったのか」という情報が表示される。一方で、1回前に元手を誰にも提供しなかった人（例：図4-3のJさん・Lさん）については二次情報と三次情報は表示されず、また二次情報の内容が「2回前の非提供者」（に対してその人は1回前に提供した）であった場合（例：図4-3のHさん・Kさん）には三次情報は表示されない。

なお、「④非提供者への非提供者（提供者がいない状況で非提供をとった人）」を選択的プレイ条件で出現させるためには「グループ内の全員が非提供をとった」という状況を生じさせる必要があるが、そのような状況が定期的に出現するのはあまりにも不自然であるため[25]、本実験の選択的プレイ条件では非提供者として「③提供者への非提供者」（「前の回の提供者」が1人でもいる状況で、非提供をとった人）のみを提示した。したがって選択的プレイ条件で登場する行動履歴は「①提供者への提供者」2種類（図4-2のAとB）、「②非提供者への提供者」、「③非提供者」の4種類である。毎回の画面への提示情報は、これらがそれぞれ均等な確率で出現するよう、調整されていた。

● **実験結果**

それでは、実験の結果を紹介しよう。まず、実験全体を通じて他者に対する提供行動が生じていたかどうかを調べるために、実験を通じて参加者が提供行動をとった割合（提供率）を算出したところ、提供率は強制的プレイ条件では0.67、選択的プレイ条件では0.70であった。条件間の提供率には統計的に有意な差はみられず、この結果からは、いずれの条件でも参加者が一定の割合で提供し合う状態が実現されていたことがわかる。

---

[25] 参加者が非提供をとったタイミングにあわせて「参加者を含む全員が非提供」という状態を作り出すことは可能ではあるが、そのような操作を行う場合参加者は「自分が非提供をとる時には、なぜか同じタイミングで他のほぼ全員が非提供をとる」という体験を何度もすることになり、それはあまりにも不自然である。

それでは，参加者はどのような相手に対して提供していたのだろうか。これが本実験の最大の焦点であり，したがって「①提供者への提供者」「②非提供者への提供者」「③提供者への非提供者」「④非提供者への非提供者」（選択的プレイ条件では①〜③）のそれぞれに対して参加者が選別的に提供した程度が，本実験がメインの分析対象とする変数である。ただし，本実験では条件間でやり取りの内容が異なっていたため，用いることができる分析手法が条件間で異なる。そこで以下では，参加者がどのタイプの他者に対してどの程度提供したのかを調べる分析を条件ごとに行い，そのパターンを条件間で比較することにする。もし参加者が一次情報を用いた選別的利他行動を採用していたならば提供行動の程度には「①② > ③④」という差がみられ，二情報まで用いた選別的利他行動を採用していたならば「① > ②（提供者を区別）」もしくは「③ < ④（非提供者を区別）」という差がみられるはずである。

強制的プレイ条件の結果

まず，強制的プレイ条件での結果について説明する。強制的プレイ条件で参加者が各タイプに提供した程度を示す指標として，①〜④に対する提供率（そのタイプの受け手を割り当てられたやり取りで，提供を選択した割合）を算出した。表 4-2 の一行目に示されているのが，強制的プレイ条件での提供率の平均値である。各タイプに対する提供率は，「①提供者への提供者」0.80，「②非提供者への提供者」0.77，「③提供者への非提供者」0.42，「④非提供者への非提供者」0.50 であった。提供率をタイプ間で比較すると，提供者（①②）に対する提供率が非提供者（③④）に対する提供率を明らかに上回るというパターンを見てとることができる[26]。しかし一方で，①と②の間，および③と④の間にはほとんど差がみられない。これらの結果からは，強制的プレイ条件の参加者は，「提供者に提供し，非提供者には提供しない」という一次情報のみを用いた選別基準（IS）のみを採用しており，二次情報を用いて提供者や非提供者を区別する傾向が全くみられなかったことがわかる。

なお，参加者が三次情報を用いて提供行動を変えていたどうかについても分

---

26) この差（①② > ③④）は統計的にも（5% 水準で）有意なものであった。

5. 一次・二次情報を統制した間接互恵性実験

表 4-2 各タイプに対して提供した程度 各条件における「①提供者への提供者」「②非提供者への提供者」「③提供者への非提供者」「④非提供者への提供者」に対する提供行動の指標の平均値（カッコ内は標準偏差）。一行目に強制的プレイ条件における各タイプの相手に対する提供率の，二行目に選択的プレイ条件における各タイプの相手に対する選好傾向の平均値を示した。「分析結果」の列内の記号は，分析の結果統計的に有意な差が観察された箇所を示している。「*」は 5% 水準で有意差がみられた箇所，「+」は 10% 水準で有意差がみられた箇所である。

	①提供者 への提供者	②非提供者 への提供者	③提供者 への非提供者	④非提供者 への非提供者	分析結果
強制的プレイ 条件提供率	0.80 (0.28)	0.77 (0.27)	0.42 (0.33)	0.50 (0.32)	①② > ③④*
選択的プレイ 条件選好傾向	0.10 (0.25)	−0.01 (0.21)	−0.09 (0.14)	—	① > ②+ > ③*

析を行ったが，三次情報の内容による提供率の差はみられず，参加者が使用していたのは一次情報のみであったことが分析の結果示された。

選択的プレイ条件の結果

　それでは，選択的プレイ条件ではどうだったのだろうか。選択的プレイ条件では①〜③の各タイプに対する選別的利他行動の指標として，「選好傾向」と名付けた指標を用いることにする。これは，①〜③それぞれに対する提供率を，やり取りの際に画面に表示されていた①〜③の人数で重みづけて調整した値である。たとえばあるタイプに該当する人が他のタイプよりも多く（提供できる対象として）画面に表示されていれば，ランダムに提供対象を選んだとしても，そのタイプが選ばれる確率は高くなってしまう。そこで，このような人数分布の影響を統制した「そのタイプの人に選別的に提供した程度」の指標として，グループ内でのそのタイプの人数が少ない中で選んだ場合は重み付けを大きく，人数が多い中で選んだ場合は重み付けを小さく計算した重み付け値を算出した。これを，選好傾向と呼ぶ（−1 〜 +1 の範囲で連続的な値をとる間隔尺度）。具体的には，各参加者の各回で①〜③のそれぞれに対し，以下の式で選好傾向を求めた。

第4章　間接互恵性状況での人間行動

X選好傾向（タイプXに対する選好傾向）
＝その回に，Xに提供したか（1：Xに提供，0：X以外に提供）
－｛(グループ内の，自分を除くXの人数)/(自分を除くグループ人数)｝

Xには①〜③のいずれかが入る。右辺の初項は参加者のタイプXに対する提供行動の実測値であり，第2項は，行動決定時のグループ内の分布の下でランダムに提供対象を選んだ場合にタイプXを選ぶ確率をあらわしている。したがってX選好傾向は，参加者が，対象がタイプXかどうかを一切気にすることなくランダムに提供対象を選んだ場合には0になる。一方，ランダムよりも偏ってタイプXを選んだ場合にはプラス方向に大きくなり，ランダムよりも偏ってタイプXを選ぶのを避けた場合にはマイナス方向に大きくなる。この指標を用いて，参加者がどのタイプに対して選別的な利他行動をとっていたのかを分析する。

　表4-2の二行目が，選択的プレイ条件での選好傾向の平均値である。選好傾向の平均値をタイプ間で比較する分析を行ったところ，まず非提供者である③に対する選好傾向（－0.09）は，提供者である他の2タイプに対する選好傾向（①選好傾向：0.10，②選好傾向：－0.01）よりも低いことが明らかとなった（①②＞③という統計的に有意な差がみられた）。これはつまり，参加者が非提供者③に対するよりも，提供者①②に対し，より提供していたことを示す結果である。したがって選択的プレイ条件でも強制的プレイ条件と同様に，まず，参加者には一次情報を用いて提供対象を選別するパターンが確認された。

　それでは，二次情報についてはどうだろうか。二次情報により区別される「①提供者への提供者」「②非提供者への提供者」に対する選好傾向を比較する分析を行ったところ，①選好傾向（0.10）は②選好傾向（－0.01）を上回っており，同じ提供者であっても「②非提供者への提供者」よりも「①提供者への提供者」の方が，利他行動の対象として選別的に選ばれたことが明らかとなった[27]。これは，人々は，強制的プレイ状況とは異なり選択的プレイ状況では

---

27) 全やり取りを通じて算出した①選好傾向と②選好傾向の平均値の差は，10%水準で有意であった。この差は①②と③の差ほど大きなものではなかったが，しかし，やり取りを前半と後半の2ブロックに分けて同様の分析を行ったところ，前半ブロックでは①選好傾

間接互恵性場面での利他行動の決定に際し，一次情報のみならず二次情報まで用いるということを示唆する，非常に興味深い結果である。実験参加者は，同じ提供者であっても「①提供者への提供者」と「②非提供者への提供者」を区別し，前者を助ける一方で，後者を選択的には助けないという，厳格戦略に合致する選別的利他行動を示したのである。

何を考えて提供者を区別していたのか？

このように，実験結果は，利他行動の対象を選べる間接互恵性場面においては，人々は二次情報を用いて提供者を選別することを示唆するものであった。ここでさらに，次のような疑問が生じる。人々は何を考えてそのような基準を用いていたのだろうか。「たとえ提供者であっても，誰に提供したのかによってはその人を排除する」という選別基準は直観的には，過度に厳しく複雑なものであるように思われる。理論的には「利己主義者を助けてしまう無条件利他主義者」の増加を抑制するためにはこのような厳格な基準が必要であるわけだが，果たして参加者はそこまで理解し「間接互恵性を破壊する無条件利他主義者は排除するべき」と考えて「②非提供者への提供者」を排除していたのだろうか。

以下では，この疑問に対する答えの手がかりとなるかもしれない興味深い結果２つ（いずれも選択的プレイ条件における結果）を紹介したい。１つ目は，参加者が三次情報を利用したかどうかについての分析結果である。選択的プレイ条件では「①提供者への提供者」のみに対する選別的な提供行動が確認されたが，実験ではさらにその①を『『提供者への提供者』に提供した人」（図 4-2 の A）か「『非提供者への提供者』に提供した人」（図 4-2 の B）かを区別できる三次情報が与えられていた。そこでこれら２種類の「提供者への提供者」に対

向の平均値（0.16）は②選好傾向（−0.06）および③選好傾向（−0.10）を大きく上回るという結果が確認された（①＞②③）。一方，後半ブロックでは①選好傾向（0.08）と②選好傾向（0.02）の差は縮まり，参加者の選択パターンがランダムに近づいていく様子が観察された。これは，毎回のやり取り後に参加者に与えるフィードバック情報（自分が他者から提供してもらえたか）がコンピュータによりランダムに決められたものであったため，やり取りを多回数繰り返すことで，ランダムなフィードバック情報による誤った学習を参加者がしてしまったためであると考えられる。

する選好傾向を算出し，他のタイプとの間で比較を行ったところ，「『提供者への提供者』に提供した人」に対する選好傾向（0.20）が，それ以外の「『非提供者への提供者』に提供した人（−0.09）」「②非提供者への提供者（−0.02）[28]」「③非提供者（−0.09）」選好傾向に比べはるかに高いことがわかった。これは一見，参加者が二次情報のみならず三次情報まで用いたきわめて複雑な選別を行っていたことを示す結果のようにみえる。しかしこのような選別行動を結果的に実現する行動原理はきわめて単純である。それは，単に「非提供者にかかわっていない人」を選べばよい，ということである。実験に即していうなら，参加者は単に，行動履歴がすべてポジティブ（「提供→提供→提供」）な人を選ぶという単純なルールに従うだけで，結果的に非提供者や非提供者への提供者には提供せずにすむことになる。参加者が他者の行動履歴を逐一細部まで吟味していたというよりも，行動履歴にキズのない人を選ぼうという単純な原理に基づいて行動し，結果的に非提供者や非提供者への提供者を排除することになっていたという背景が，この結果からは示唆される。

　そこでさらに，参加者の選別行動の至近因を探る分析として，実験後に測定された，実験中に考えていたことに関する回答と選好傾向との相関分析を行った。その結果明らかとなったのは，「『①提供者への提供者』のみに提供し，『③非提供者』のみならず『②非提供者への提供者』も排除する」という厳格な選別行動は，不適切な振る舞いをする他者を罰し排除したいという正義感や罰動機に基づくものではなく，単純な応報動機に基づいて行われていたという事実である。「不適切な行動をとる人を罰したい（排除したい）」などの罰・排除動機と①と②を区別する選別的行動の程度との間に関連は見られなかった。つまり「②非提供者への提供者」に提供しなかった参加者も，②を積極的に排除しようとの意図を持っていたわけではなかったのである。むしろ，「①提供者への提供者」のみに提供するという選別行動を促進する傾向が見られたのは，「他者の適切な行動に報いたい」という単純な応報動機であった。

　以上の結果から次のように推測することが可能である。選択的プレイの間接

---

28) 表4-2では，一次情報と二次情報が出そろった3試行目以降の行動を分析対象としたが，ここでは三次情報まで出そろった4試行目以降の行動を分析対象としているため，選好傾向の平均値が表4-2とはわずかに異なっている。

互恵性場面では，人々は同じ「利他行動をとった人」であっても「良い評判の持ち主を助けた人」と「悪い評判の持ち主を助けた人」を区別し，前者は助ける一方で後者は助けない。しかし人々は後者を悪とみなし罰しようという意図からそのような行動をとるわけではない。「どうせ助けるなら悪い評判の持ち主とつきあっていない人を選んで助ける（悪評につながりうるネガティブな情報のある人をあえて選びはしない）」という，むしろ消極的な行動原理の結果として，利己主義者のみならず無条件利他主義者が排除され，間接互恵性が維持されるものと考えられる。

6. 実証データから理論へ

最後に，ここまでに紹介した実験結果と間接互恵性の理論とを照らし合わせ，実証データが理論に与える示唆について考察したい。

●実験結果のまとめ

まず，本章で紹介した実験の目的と結果についてまとめておこう。間接互恵性の理論が共通して示してきた結論は，間接互恵性が成立・維持されるためには，二次情報まで用いる選別的利他行動が必要である，ということであった。そこで筆者は，本当に人々が間接互恵性場面で他者の行動履歴の一次情報のみならず二次情報まで用いた選別的利他行動をとるのか，またどのような心理基盤がそのような行動を実装させているのかを検討する実験を行った。実験結果の要点は次の通りである。(1) 利他行動の対象が強制的に割り当てられる強制的プレイ状況においては，二次情報を用いた選別行動は生じず，過去に誰かを助けた人は助け，助けなかった人は助けない，という一次情報のみに基づく選別行動が観察された。(2) 一方，利他行動の対象を行為者自身が選ぶことができる選択的プレイ状況では，一次情報に加え二次情報まで用いて提供対象を選別する行動が観察された。参加者は「良い履歴の持ち主を助けた人」のみを助け，同じ「誰かを助けた人」であっても「悪い履歴の持ち主を助けた人」は助けない傾向にあった。(3) ただし，選択的プレイ状況の参加者は「悪い履歴の持ち主を助けた人」を罰したいという意図を持っていたわけではなかった。

第4章　間接互恵性状況での人間行動

●間接互恵性を育む環境

　特に重要なのは,「利他行動の対象を自分で選べる」状況の下でのみ,間接互恵性が成り立つために必要な行動パターンが観察されたということである。この実証データは,人間社会における間接互恵性が育まれた環境として,自分で相互作用相手を選択可能な状況の重要性をクローズアップするものである
　理論研究の結果は,強制的プレイ状況でも二次情報を用いる選別的利他戦略が適応的となり,間接互恵性が出現することを予測するものであった。にも関わらず,強制的プレイ条件の実験結果は,理論的には適応的であるはずの行動パターンを参加者は示さないというものであった。これはなぜなのだろうか。理論と実験結果が一致しない理由として考えられるのは,(a) 理論が間違っている,(b) 実験のやり方が間違っている,のどちらかである。まず (b) の可能性について考えてみる。そもそも今回の実験の目的は,実験中に参加者に適応的な行動傾向を学習させることではなく,理論が見出した適応的な行動傾向を人々が生得的もしくは日常の社会的相互作用の中で既に身につけているか否か,もし身につけているならばそれが何かを明らかにすることにあった。もし理論が現実の間接互恵性の成立メカニズムを的確に捉えることに成功しているのであれば,実際に人間は日常の相互作用の中で,理論に基づけば適応的であるはずの行動傾向を獲得するに至っていると考えられる。本実験はこのような目的の下,参加者に「評判に基づいて,利他行動をとりあう」「利他行動に見返りが期待できない」「自分の行動は他者から観察されている」などの間接互恵性状況であると感じさせる状況手がかりを与え,人々がふだん間接互恵性状況で用いている意識的あるいは無意識的な行動傾向を活性化・発動させ,測定することを試みた。したがって今回の実験に即していえば,(b) の実験のやり方を間違えた,というのは,これらの「間接互恵性状況であることを感じさせる状況手がかり」を実験で与えることに失敗したという可能性にあたる。しかし,(やり取りが強制的プレイか選択的プレイか以外の状況は強制的プレイ条件と同一になるよう統制された) 選択的プレイ条件では理論研究と一貫する行動パターンが実際に観測されたことから,実験操作には,少なくともある程度成功していたと考えることができる。となれば,残された可能性は (a) の理論が間違っていた可能性である。しかしこれは,理論の内部に誤りがあったというよりも,

6. 実証データから理論へ

理論が設定として用いた状況が，理論の外にある要因（利己主義者を排除するための主観的コスト）により現実場面での間接互恵性の成立が容易となる，それゆえに現実に人々が間接互恵性を成立させている状況と異なっていたという問題ではないかと筆者は考える。

くわしく説明しよう。間接互恵性に限らず協力に関する問題においては一般に，相互協力を達成するためには不適切な振る舞いをする者の利益を減らし，排除する必要がある。そして，不適切な行為者を排除するために，個人が明示的な罰（攻撃）行動を他者に対して直接とる必要がないということが，実は選択的プレイ状況の最も重要な特徴のひとつである。通常，罰には客観的なコスト（監視コストや反撃されるリスクなど）が伴うことはもちろん，他者に対する攻撃的な振る舞いをすることに対する主観的コスト（たとえば心理的な抵抗感や罪悪感など）も伴う。間接互恵性場面でもそれは同様だろう。たとえ不適切な振る舞いは良くないと思っていても，不適切な行為者に対して面と向かって援助を拒絶するのには勇気がいるだろう。まして，拒絶したい理由が「その人が過去に利己的に振る舞ったから」というわかりやすいものである場合はまだしも，「その人が助けた相手が悪い人だったから」というやや複雑な理由である場合には，その相手に面と向かって拒絶するのはなかなかにやりにくい行動ではないだろうか。さらに，自分のその行動が他者から正当な罰ではなくただの攻撃行動や利己行動と誤解されてしまうというエラーの可能性を考慮するならば，利他行動を明示的に拒否することに対する主観的客観的コストはさらに大きなものとなる。

強制的プレイ状況で評判の悪い者を排除するためには，心理的負担の大きい「特定の個人への利他行動を拒む」という明示的な罰に近い行動をとらなければならない。一方，選択的プレイ状況では心理的負担を感じつつ罰を行使する必要はない。選択的プレイ状況では，利他行動を拒絶するのではなく，評判の良い人を選んで助けることにより，不適切な行為者を間接的に排除することが可能だからである。このように，同じ間接互恵性場面でも，強制的プレイ状況では心理的負担が，評判に基づく高度な選別的意思決定を阻害するのに対し，選択的プレイ状況では人々は心理的負担に阻害されることなく選別的利他行動を実行できると考えられる。そのため，現実には強制的プレイ状況に比べ選択

第4章　間接互恵性状況での人間行動

的プレイ状況において，間接互恵性がより成立しやすいのではないだろうか。このように考えると，少なくとも他者を攻撃することに心理的負担を感じる人々で構成される社会・集団においては，「利他行動の対象を選ぶことができる」という環境が，間接互恵性成立の必要条件のひとつとなるのかもしれない。

　本章で紹介した実験の強制的プレイ条件では二次情報まで用いた選別行動が観察されなかったのは，以上のことが理由であるのかもしれない。つまり，他者への明示的な罰には心理的負担が伴うため，現実には強制的プレイよりも選択的プレイの状況において，間接互恵性が出現しやすい。そのため，現実の「間接互恵性が成り立っている社会的場面」は選択的プレイ状況であることが多く，強制的プレイ状況の場面は相対的に少ない，という可能性である。そのため，そもそも人々は強制的プレイの間接互恵性状況における適応的行動パターンを身につけるに至っていない可能性が考えられる。ただしこれらはあくまで推測であり，現実の間接互恵性場面にどのような状況が多く含まれるのか，ひいては理論がどの状況を設定すべきなのかについては，今後実証データに基づく検証が必要である。

　近年の，間接互恵性以外の協力場面における罰行動の研究においても，選択的プレイ状況をモデルとして考慮することの重要性を指摘する知見が増えつつある。古くから社会科学者は，様々な社会的交換で相互協力の達成メカニズムとして罰の重要性を指摘し，罰行動を焦点とした研究を数多く行ってきた。しかしこれに対し近年，現実の社会集団では多くの場合，明示的でコストを伴う罰によってではなく，その人とのつき合いを絶つ，すなわち協力行動の対象として選ばないことで解決してきたという事実が注目を集め始めている。たとえば，現実の社会集団では非協力者に対して明示的でコストを伴う罰が行使されることは実はあまりなく，非協力者をつき合いから外すというコストの小さい方法で制裁が行われていることが，近年，人類学のデータに基づき指摘されている（e.g., Baumard, 2010; Guala, 2012）。また，社会的ジレンマのような間接互恵性場面以外の協力場面での非協力者を，間接互恵性場面や個人的な社会的交換において排除する行動パターンを人々が実験で示すことも，いくつかの研究で報告されている。(e.g., Barclay, 2004; Barclay & Willer, 2007; Milinski, Semmann, & Krambeck, 2002; Vyrastekova & van Soest, 2007)。実際のところ，評判がうま

く機能している集団では,評判に基づく排除は単発的な直接罰よりもはるかに大きな効果をもつ可能性がある。間接互恵性に限らず様々な協力問題において,直接的な罰に代わる間接的な排除という方法の有効性の検討と適応的基盤の理論・実証の両面からの解明が,協力問題のパズルを解き明かす手がかりとなるかもしれない。

● 実験で扱われなかった社会的場面における間接互恵性

本章で紹介した実験の結果は,人々が実際に二次情報を用いて2種類の利他行動を区別する行動傾向を備えることを明らかにするものであった。しかし,この実験場面はあくまで様々な社会的場面の中から特定の一場面を抜き出し抽象したものにすぎず,現実に間接互恵性が成り立っている全ての状況がこの実験の状況に当てはまるとは限らない。たとえば,本実験では他者の行動を各人が直接観察するという設定となっていたが,特定の観察役のみが観察を行いそれを全員に周知する,情報を相互に口コミで交換するなど,評判の与え方一つとってもいくつかの異なる設定を想定することができ,それはそのまま,現実場面でもいくつかの異なる評判流通状況があり得ることを意味する。もしそれらの違いが行動の適応度に何らかの影響を与えるとすると,今回の実験で想定されたのとは異なる実験状況,ひいては今回の実験で想定したのとは異なる社会的場面においては,今回観察されたのとは異なる行動傾向(たとえば非提供者を区別する寛容戦略)を人々がとり,間接互恵性を成り立たせるという可能性も十分考えられる。現実の間接互恵性がどのような状況で生じているのかについて,広範なフィールドデータの収集が望まれる。

● 理論研究と実証研究の相補的活用

最後に,理論研究と実証研究を相互補完的に行うことの意義についてもう一度触れておきたい。本章で紹介した実験の結果からは間接互恵性の育まれる環境についてのアイディアが示唆されたが,実証研究は,こうした相互作用に影響する人間の特性や状況要因を発見する非常に有用な道具である。実証的知見に基づかない理論のみでは,それが焦点とする現象を扱うモデルとして適切かどうかを確かめることはできない。また理論から導かれた結論を現実の制度設

第4章　間接互恵性状況での人間行動

計や社会問題の解決に役立てようとするならば，実証データに基づく検証は不可欠である。そして実証研究にとっても，理論は「何を調べるべきか」の指針を与え，検証すべき仮説を導出する上でなくてはならないものである。理論・実証のいずれかのみに頼るのではなく，構築した理論を実証データから検証し，その結果に基づき理論を修正または再構築する。そのように理論研究と実証研究を相互補完的に用いることが，社会科学における社会・人間研究の発展に寄与するひとつの有効なアプローチといえるだろう。

参考文献
Axelrod, R. (1984). *The evolution of cooperation*. New York: Basic Books.
Bolton, G.E., Katok, E., & Ockenfels, A. (2005). Cooperation among strangers with limited information about reputation. *Jounal of Public Econonics*, **89**, 1457-1468.
Barclay, P. (2004). Trustworthiness and competitive altruism can also solve the "tragedy of the commons". *Evolution and Human Behavior*, **25**, 209-220.
Barclay, P., & Willer, R. (2007). Partner choice creates competitive altruism in humans. *Proceedings of the Royal Society of London. Series B: Biological Sciences*, **274**, 749-753.
Baumard, N. (2010). Has punishment played a role in the evolution of cooperation? A critical review. *Mind and Society*, **9**, 171-192.
Guala, F. (2012). Reciprocity: Weak or strong? What punishment experiments do (and do not) demonstrate. *Behavioral and Brain Sciences*, **35**, 1-59.
Leimar, O., & Hammerstein, P. (2001). Evolution of cooperation through indirect reciprocity. *Proceedings of the Royal Society of London. Series B: Biological Sciences*, **268**, 745-753.
真島理恵（2010）．利他行動を支えるしくみ：「情けは人のためならず」はいかにして成り立つか　ミネルヴァ書房．
真島理恵・高橋伸幸（2005）．敵の味方は敵？：間接互恵性における二次情報の効果に対する理論的・実証的検討　理論と方法，**20**，177-195．
Milinski, M., Semmann, D., Bakker, T., & Krambeck, H. (2001). Cooperation through indirect reciprocity: image scoring or standing strategy? *Proceedings of the Royal Society of London. Series B: Biological Sciences*, **268**, 2495-2501.
Milinski, M., Semmann, D., & Krambeck, H.J. (2002). Reputation helps solve the 'tragedy of the commons'. *Nature*, **415**, 424-426.
Nowak, M., & Sigmund, K. (1998a). Evolution of indirect reciprocity by image scoring. *Nature*, **393**, 573-577.
Nowak, M., & Sigmund, K. (1998b). The dynamics of indirect reciprocity. *Journal of Theoretical Biology*, **194**, 561-574.

参考文献

Ohtsuki, H., & Iwasa, Y. (2004). How should we define goodness?: reputation dynamics in indirect reciprocity. *Journal of Theoretical Biology*, **231**, 107-120.

Ohtsuki, H., & Iwasa, Y. (2006). The leading eight: social norms that can maintain cooperation by indirect reciprocity. *Journal of Theoretical Biology*, **239**, 435-444.

Pacheco, J.M., Santos, F.C., & Chalub, F.A.C.C. (2006). Stern-judging: A simple, successful norm which promotes cooperation under indirect reciprocity. *Public Liberty of Science: Computational Biology*, **2**, e178.

Panchanathan, K., & Boyd, R. (2003). A Tale of Two Defectors: The Importance of Standing in the Evolution of Indirect Reciprocity. *Journal of Theoretical Biology*, **224**, 115-126.

Takahashi, N., & Mashima, R. (2006). The importance of subjectivity in perceptual errors on the emergence of indirect reciprocity. *Journal of Theoretical Biology*, **243**, 418-436.

Trivers, R. (1971). The evolution of reciprocal altruism. *Quarterly Review of Biology*, **46**, 35-57.

Vyrastekova, J., & van Soest, D. (2007). A Note on Peer Enforcement by Selective Exclusion: An Extended Abstract. In S. H., Oda (Ed.). *Developments on Experimental Economics: New Approaches to Solving Real-world Problems* (2007th ed.) Springer Publishing Company, Incorporated. pp. 187-192.

Wedekind, C., & Milinski, M. (2000). Cooperation through image scoring in humans. *Science*, **288**, 850-852.

第5章　人間と動物の集団意思決定

1. はじめに——集団意思決定という普遍的な現象

　多かれ少なかれ我々人間の意思決定は，周囲の他者の振る舞いから影響を受けるものである。反対に，自分の行動は他の誰かの意思決定へ影響を及ぼすことがあるだろう。本章では，このような意思決定の相互作用を「マイクロ・レベルでの個体のインプットが，何らかのメカニズムによってマクロ・レベルとしての集団のアウトプットに変換され，集団全体としての秩序やパターンを生み出す現象」（亀田，1997）と捉え，集団意思決定（collective decision-making）と定義する。この定義によれば，様々な規模・種類の「意思決定のために組織された集団」（e.g., 漁場の保全・管理を担う漁業協同組合，科学における査読システム，陪審員制度，国家規模のサミット）だけが「集団意思決定」の対象となるのではない。それに加えて，「他者との情報伝達をもつ個人」もまた，集団意思決定を形成する主体となる。すなわち，従来の社会心理学において社会的影響（social influence）や同調（conformity）として扱われてきた現象も，ここでは集団意思決定の枠組みの中で整理していくことになる。しかしこれは，決して強引な統合ではない。後に見ていくように，動物行動学や進化生態学における動物の集合行動（collective animal behavior）の議論と非常に整合的であり，見晴らしがよくなる（Kameda, Wisdom, Toyokawa, & Inukai, 2012; 豊川・亀田，2013）。

　人間社会には，議会制度や複雑な選挙制度など，意思決定を集団レベルで統合する際に有用な，洗練されたメカニズムが数多く存在する。また他者との相互作用の多くの場面において，言語を介した情報伝達は普遍的である。したがって人間における多くの集団意思決定場面には，少なからず人間特有の言語能力や認知能力が関与している。この事実は，集団意思決定があたかも人間だけ

に実現可能な，特異的な現象かのように感じさせるかもしれない。しかし，動物行動学の研究者らがこれまで明らかにしてきたように，動物の集合行動のメカニズムもまた，まぎれもなく集団意思決定と呼ぶべき現象なのである。集合行動のメカニズムとは，ヒトの持つ高度な言語コミュニケーションや議会制度に限定されるものではない。自然界を見渡せば，アリやミツバチなどの真社会性昆虫，魚類や鳥類，霊長類の群れに至るまで，動物界の様々な種が，それぞれユニークな集団意思決定メカニズムを有していることがわかる。

動物行動学者らは近年，種ごとにユニークな集団意思決定システムを統合的に捉え，その根底に共通する原理を理解しようと試みている (Conradt & Roper, 2005; Sumpter, 2010)。種ごとに大きく異なっているように見える集団意思決定システムには，どのような共通点があり，そしてまたどのようなバリエーションが存在するのか。またそれらはなぜ生じたのか。研究者らは自身が対象としている種にとらわれず，広い視野からの眺めを得つつある。

本章では，これまでヒトとヒト以外の動物とで積み重ねられてきた集団意思決定の知見を，主に2つの観点でまとめてレビュウしていく。まず次節で2つの観点それぞれの概論を述べたあと，それら2つの観点のもとで整理可能な具体的な事例をいくつか例示しながら，その中で人間という動物がいかに位置づけられるかを論じる。最後に，統合的な視点から浮かび上がった集団意思決定に関する新たな問いや，今後の展開について意見を述べる。

2. 集団意思決定を捉える2つの軸

動物行動学における集団意思決定に関するこれまでの研究の多くは，これから述べる2つの観点が主軸となっている (Conradt & Roper, 2005)。1つは，マイクロな個体間の情報伝達から集団レベルのマクロな現象が創発されるメカニズムに関する興味である。動物の群れはしばしば，全体を中央で指揮するリーダーのような個体がいないにもかかわらず，各個体の移動方向を一致させ，各個体の分布を一カ所に集中させることがある。そのような群れレベルでの現象は，個体同士のマイクロな相互作用から自己組織的に形成される場合がある (Camazine, Deneubourg, Franks, Sneyd, Theraulaz, & Bonabeau, 2001)。自己組織

的な集団意思決定は，個体レベルの意思決定の集約によって創発することから集約型意思決定（combined decisions）と呼ばれている（Conradt & Roper, 2005）。自己組織化によって形成される秩序は，直観的な論述モデル（日常言語による記述）では認識が追いつかないほど複雑な相互作用が関係している場合が多い。そこで研究者らは，詳細な観察に加えて，数理モデルやシミュレーションによる実験を組み合わせることで，創発の至近的メカニズムにアプローチしている。

2つ目は，集団内で合意を形成するメカニズムに対する興味である。多くの動物の群れにおいて，集団のまとまりを維持することは重要な課題の1つである（Krause & Ruxton, 2002）。まとまりを維持するためには，移動方向や移動タイミングに関して各個体が行動レベルで合意しなければならない。ここで1つ注意したいのは，この場合の合意とは，各個体の行動の状態が一致するという意味である。つまり潜在的な利害対立や選好の不一致が根本的に解消されるということは，ここでは要請されない。あくまでも各個体の行動が，何らかのメカニズムによって揃えられ，群れ全体としての統一的な行動（たとえば，新しい巣への群れ全体の移動など）が実現されることをもって，合意に到達すると定義する。合意を形成するメカニズムを備えた集団意思決定は，合意型意思決定（consensus decisions）と呼ばれている（Conradt & Roper, 2005）。ヒトの社会には行動レベルでの合意を形成するための手続きが数多く存在する。代表的なものとして挙げられるのは，投票による意見集約の制度だろう（Hastie & Kameda, 2005）。しかし，投票を仕切るような中枢管理システムを備えていないヒト以外の動物の群れは，いかにして合意形成に至るのであろうか。近年の動物行動学の研究から，"閾値反応（quorum response）"という共通のメカニズムが1つの鍵であることが浮かび上がってきた（Sumpter & Pratt, 2009）。

以下の節から，それぞれの観点について具体的な研究例を紹介しながら，ヒトとの関係を議論する。

3. 集約型意思決定

●動員と正のフィードバック

動物の群れはしばしば，あたかも群れ全体が1つの意思を持つかのように秩

序立った振舞いを見せることがある。その多くを理解する上で1つの鍵となるのは，個体同士の情報伝達の結果生じる正のフィードバック過程（positive feedback loop）である。たとえばミツバチやアリなどいくつかの真社会性昆虫のワーカーは，好適な餌場を発見すると巣へ戻り，尻振りダンスやフェロモン等のシグナルを用いて，他のワーカーをその餌場へと動員する（Goss, Aron, Deneubourg, & Pasteels, 1989; Seeley, Camazine, & Sneyd, 1991）。すると今度は，動員されたワーカー自身が動員する側（リクルーター）に加わり，さらなる未稼働個体を動員する。これが動員の正のフィードバックを生み出し，結果としてコロニーの採餌努力は好適な餌場へと集中分布することになる。

このような正のフィードバックの形成は，個体間の情報伝達が作り出している。正のフィードバックは真社会性昆虫の採餌システムに限らず，多くの動物の群れの振舞いにとって重要な役割を果たしている。たとえば，伝書バトは帰巣経路選択の際に他の個体の飛行する方向へ誘引されることが示されている（Biro, Sumpter, Meade, & Guilford, 2006）また，4.2節で述べるように，いくつかの魚類や霊長類の群れの移動パターンも，群れの個体間に働く正のフィードバックで説明する事ができる。

正のフィードバックによって作られる集約型の集団意思決定は，動員の性質によって特徴づけることができる。たとえば，いま環境中にA，Bの2つの餌場があるとする。そして餌場Aと餌場Bそれぞれに対して，他個体からの情報があり，その量の存在比が6：4だと仮定する。このとき，これから餌場を選ぶ個体がAを選択する確率がちょうど60％のとき（選択確率分布が，信号の存在比に対して線形な場合）と，60％よりも大きいとき（選択確率分布が，信号の存在比に対して非線形な場合）とで，集団レベルの振舞いに質的な違いが生じることがある。以下の節からは，個体レベルの反応の線形・非線形の違いが集団レベルの振舞いに及ぼす影響を，いくつかの動物の例をもとに概観し，ヒト社会において見られる現象との繋がりについて考察する。

●個体の動員反応が線形の場合

ミツバチ（*Apis mellifera ligustica*）のコロニーは食料を集めるために数万匹のワーカーを周囲の環境へ送り出す。シーリーらは野外実験を通じて，ミツバ

3. 集約型意思決定

チのコロニーが質の高い蜜源へいつも採餌努力を集中させることを示した (Seeley, Camazine & Sneyd, 1991)。彼らの実験は，巣箱から400mほど離れた南北の2地点に餌場（一方の餌場は他方よりも高い濃度のショ糖を含んでいる）を設置し，好適な餌場の位置関係を実験開始から4時間後に南北逆転させるという手順で行われた。結果，コロニーは採餌努力をこの環境変化に対応させ，常に蜜濃度の高い方の餌場へ多くのワーカーを分布させた。ほとんどの採餌個体は南北いずれか片方の餌場にしか訪れないので，環境に関する全般的な知識を持つ個体はほとんどいない。にもかかわらず，コロニー全体としては環境中の利用可能な餌場の中から相対的に質の高いものをいつも選ぶことができたのである。

　この実験が示すミツバチの集合的知性（swarm intelligence）ともいうべき現象のもつ驚きは，主に2つの要素から構成されるだろう。1つ目は，ミツバチのコロニーが，個体レベルでは部分的な情報しか持ち合わせない（各ワーカーは複数の餌場へは訪問せず，大抵の場合1つの餌場にしか訪れない）にも関わらず，コロニーレベルでは好適な餌場を見つけ出せることである。そして2つ目は，ひとたび特定の餌場へ採餌努力を集中させた後でも，より好適な餌場を見つけたならば，そちらへ採餌努力をスイッチすることができることである。前者は，資源の質に応じて調節される尻振りダンスを用いた動員によって説明することができる。餌場を経験し巣へ戻ったワーカーは，経験した餌場の質が高い（i.e., 糖の濃度が高い）ほど尻振りダンスを行う確率が高く，またダンスを行う場合には餌場の質が高いほど尻振りダンスの継続時間が長くなる（Seeley & Towne, 1992）。このような質依存的な動員によって，結果的に好適な餌場に対してより強い正のフィードバックをかけることになるのである。

　2つ目のコロニーレベルでの選択の可塑性は，尻振りダンスというシグナルに対する未稼働個体の反応の線形性が鍵を握っている。尻振りダンスは巣の入り口付近のダンス場で密集して行われる。しかしその場に居合わせた各未稼働個体は，複数の尻振りダンスを比較せず，個々が偶然出会った1つの尻振りダンスだけの情報を頼りに，それが指し示す餌場の方角へと巣を出発する（Seeley & Towne, 1992）。したがって，未稼働バチの餌場選択確率は，ダンス場でダンサーに出会う確率に比例すると考えられる。ここで，いまコロニーの周囲には

2つの餌場A，Bが存在する状況を考える。未稼働個体が餌場A，餌場Bへそれぞれ動員される確率 P_A および P_B は，以下の式で表現することができる (Camazine & Sneyd, 1991)：

$$P_A = \frac{d_A D_A}{d_A D_A + d_B D_B}$$

$$P_B = \frac{d_B D_B}{d_A D_A + d_B D_B}$$

ただし D_A と D_B は，それぞれ餌場A，Bに対するある時刻でのリクルーターの数を表し，d_A と d_B はそれぞれの尻振りダンス発生確率およびダンス継続時間を表現するための重みである。したがって両者を掛け合わせた量が，その時刻における尻振りダンスの数を表している。このモデルから言えることは，もし仮に餌場Bが餌場Aよりも質の劣る蜜源だったとしても，餌場Bを宣伝するダンサーの頻度（$d_B D_B$）が0でなければ，餌場Bへも採餌バチが分布するということである。この性質によって，コロニーはほとんどの採餌バチがたった1カ所の餌場だけに集中してしまうのを防ぐことができる。実際にシーリーらの実験では，貧栄養の餌場へも常に少数のワーカーが訪問していた（Seeley, Camazine & Sneyd, 1991)。線形動員のもつ「1つの餌場へ集中しすぎない」という性質が，環境変化後にコロニーの採餌努力を再分布させることを可能としたと考えられる。ミツバチの利用する花蜜や花粉の分布は時間的に変化しやすく，このように採餌努力をほどほど分散させて環境の変動へ対応するシステムは機能的意義をもつだろう（Camazine, Deneubourg, Franks, et al., 2001)。

線形な動員システムは，ミツバチだけではなく，いくつかのアリにおいても見られる。ベッカースらはトビイロシワアリ（*Tetramorium caespitum*）のコロニーに2種類の餌場を与える実験を行った（Beckers, Deneubourg, Goss & Pasteels, 1990)。実験では，まず始めに 0.1 M (mol/L) の濃度のショ糖を含んだ餌場をアリーナに設置し，そして実験開始から 60 分後に，別の場所に 1 M を含んだ質の高い餌場を設置するという操作を行った。結果，トビイロシワアリのコロニーは，はじめ 0.1 M の餌場へ採餌努力を集中させた後でも，1 M の餌場が導入されれば，そちらへ動員を切り替えることが観察された。トビイロシ

ワアリの用いる動員システムでは、スカウト個体が直接他のワーカーを導く（group recruitment）ため、システムの機能としてはミツバチの場合と同様に、リクルーターの頻度分布がそのまま動員確率に写像されるのである。また同様に、リクルーター1個体あたり未稼働個体を1個体動員する "tandem running" という動員方法を用いるムネボソアリ（*Temnothorax albipennis*）なども、線形な動員反応を示す（Pratt, Mallon, Sumpter, & Franks, 2002）。

● **個体の動員反応が非線形の場合**

またベッカースらは、上述したトビイロシワアリの採餌実験と同様の実験を、フェロモンによる動員を行うケアリの一種（*Lasius niger*）に対しても行った（Beckers, Deneubourg, Goss, et al., 1990）。すると *L. niger* の場合には、始めに0.1 Mの餌場へ蟻道が形成されてしまうと、その後より好適な1 Mの餌場を導入しても、採餌努力をスイッチさせることができなかった。また別の実験では、*L. niger* のコロニーは餌場までの最短ルートを発見できるかをテストされた（Beckers, Deneubourg, & Goss, 1992; Goss, Deneubourg, & Pasteels, 1989）。その実験でも、餌場まで続く蟻道が一度できてしまうと、後から餌場までより短い距離で移動できる橋が導入されてもそちらに切り替えることができなかった。このように、*L. niger* はひとたび蟻道を作ってしまうと、たとえ環境が変化しても、なかなかそれに追随することができない。

さらに *L. niger* では、2カ所ある餌場にそれぞれ等しい濃度のショ糖液を配置した場合にも、採餌努力はどちらか一方の餌場に極端に偏り、集中的な採餌が生じる（Beckers, Deneubourg, Goss, et al., 1990）。どちらの餌場に対して蟻道が作られるかは全くの偶然レベルである。このような「対称性の破れ」が生じることも、ミツバチやトビイロシワアリなどのような線形システムには観察されない性質である。

これら2つの性質（環境変化へ可塑的に対応できないこと、対称性が破れること）をもたらす至近的メカニズムは、どちらも個体の反応の非線形性によって説明することができる。いまコロニーの周囲に餌場Aと餌場Bが存在する場合を考える。ベッカースらは *L. niger* の未稼働個体が各餌場を選択する確率を以下の式でモデル化した：

$$P_A = \frac{(k+C_A)^n}{(k+C_A)^n + (k+C_B)^n}$$

$$P_B = \frac{(k+C_B)^n}{(k+C_A)^n + (k+C_B)^n}$$

ただし，餌場Aおよび餌場Bへ敷かれた蟻道フェロモン濃度をそれぞれ C_A, C_B とする。また k とは，個体が餌場探索へ向かう際にフェロモンがどの程度影響力を持つかに関するパラメータである（ただし $k \geq 0$）。k が大きくなるほどフェロモンの効果が小さくなり，選択は偶然レベルに近づくと仮定されている。そしてパラメータ n がフェロモン濃度の比率に対する反応の非線形性を表している。パラメータ n が1より大きければ，反応は非線形である。L. niger の場合，$n=2$, $k=6$ のときに実験データをよく説明できた（Beckers, Deneubourg, & Goss, 1993）。この非線形性によって，餌場のクオリティのわずかな違いは増幅され，動員される個体数はフェロモン濃度の高い方へ大幅に偏ることになる。こうして一度安定した蟻道ができてしまうと，その後で少数の個体がクオリティの高い餌場や近道を発見したとしても，既存の蟻道に敷かれた濃度の高いフェロモンを前に，宣伝はかき消されてしまうのである（フェロモンはいずれ揮発してしまう）。また，たとえ両方の餌場が等しいクオリティであっても，初期に偶然フェロモン濃度に違いが生じれば，それがいずれ個体分布の不均一さを生むことになるのである。

ただし，注意しなければならないのは，ここでの議論は動員システムにおける反応の線形・非線形性の違いを強調するあまりに，厳密さには欠ける部分があることである。たとえば，ニコリスとデニューバーグは，反応の非線形性は対称性の破れを生み出す必要条件の1つであるが，十分条件ではないことを示している（Nicolis & Deneubourg, 1999）。彼らはフェロモンが揮発してしまうことを考慮した数理モデルを解析し，揮発のスピードよりも十分速く巣から未稼働個体が動員されるのであれば対称性は破れるが，個体の動員速度が遅いと対称性は破れないことを示した（Nicolis & Deneubourg, 1999; Sumpter, 2010）。つまりフェロモンは次第に揮発していくため，それを十分な速度で補わなければ頑健な蟻道は築かれないのである。その他，動物の群れにおける自己組織的な

秩序形成メカニズムの詳細な議論は，Camazine, Deneubourg, Franks, et al. (2001); Sumpter (2010); Sumpter & Pratt (2003) などによくまとまっている。

真社会性昆虫のコロニーによる採餌システムを巨視的に見れば，巣と餌場との間の個体の移動は，流体の動きのように捉えることができる。すなわち，巣や餌場などの各ステージに存在する流体の密度（i.e., 個体密度）が，動員システムの作用によって流入・流出し，時間ごとに変化していく様子として理解可能だということである。このように捉えれば，群れのダイナミクスを，生態学でよく用いられる個体群動態を表す連立微分方程式系で表現できる（Sumpter & Pratt, 2003）。そのような数理モデルでの表現は，種ごとに特有の様々な事情の違いをあえて無視している。しかしそのおかげで，興味のある変数だけを変化させたときの効果を知ることができるのである（Sumpter, 2010）。数理モデルで大胆に抽象化することで，ミツバチとケアリとの間に見られたマクロな振舞いの違いが，個体レベルの反応の線形性を決めるパラメータの大きさ（ミツバチの場合：$n=1$，ケアリの場合：$n>1$）に起因することが分かるのである（Camazine, Deneubourg, Franks, et al., 2001）。集団レベルで見れば採餌個体の分布パターンや餌場の切り替え能力などに質的な違いが見られたとしても，それらの違いは個体レベルにおける動員の線形・非線形性という連続的な枠組みの中で理解することができるのである。

●ヒトの同調と群衆行動

以上では，真社会性昆虫であるミツバチやアリの採餌システムに焦点を絞って述べてきた。しかし，それは何も正のフィードバックによる集約型意思決定の状況がそれ以外の動物に存在しないことを意味するものではない。たしかに動員システムというコロニーレベルの形質が進化したのは，真社会性が大きく関与していただろう。しかし，採餌分布パターンなどの集団レベルの現象を形作る個体間の情報伝達それ自体は，フェロモンや尻振りダンスなどのシグナルを媒介せずとも，他個体の模倣などの「社会的学習」によっても生じる。この節では，ヒトにおける集約型意思決定の例を紹介する。

社会心理学では，ヒトの持つ他者への強い同調傾向が繰り返し報告されてきた（Asch, 1956; Davis, 1969; 1973; Festinger, 1954; Latane & Wolf, 1981; Sherif,

1936)。刑事事件の陪審場面を例に挙げる。ここに，意見を決めかねている1人の陪審員がいる。この時彼が，彼以外の2人の陪審員が有罪を支持し，他6人の陪審員が無罪を支持していることを知ると，彼は最終的に75%（＝6/8）よりも高い頻度で無罪を主張するようになる（e.g., Hastie, Penrod, & Pennington, 1983）。このように，ヒトの同調傾向は，上述した様々な社会性昆虫の動員と同様に正のフィードバックを作り出し，また非線形性を持つことが報告されてきた。そしてこの同調傾向が，幅広い社会現象の基礎的なメカニズムとなっているのである。たとえば，社会ネットワーク上の幸福の伝播や（Fowler & Christakis, 2008），肥満の伝染（Christakis & Fowler, 2007）を始め，犯罪率の同期的増加（Glaeser, Sacerdote, & Scheinkman, 1996），コンクラーベ（ローマ法王の選挙）における投票の同調性（Allen, 2002），そして金融市場やインターネット上に見られる群衆行動（"herd behavior", Akerlof & Shiller, 2009; Raafat, Chater, & Frith, 2009）に至るまで，かなり普遍的であるといえる。

　ヒトの持つ他者への同調傾向がいかに社会現象へ影響を与えるかを示す，よい例がある。それは今日急激に発展を遂げている，インターネット上での消費者の意思決定である。映画や音楽に代表される文化市場のマクロ・レベルでの挙動は，マーケティングの専門家をもってしても予測するのが難しいという問題がある（Salganik, Dodds, & Watts, 2006）。また文化市場にはもう1つ大きな特徴があり，それはヒットした商品とそうでなかった商品との売上の格差が非常に大きくなる「スーパースター現象」（Rosen, 1981）が生じやすいというものである。サルガニクらは，インターネット上に，あまり知られていない音楽のみからなる音楽ダウンロードサイトを構築し実験を行った（Salganik, Dodds & Watts, 2006）。そこで彼らは，文化市場の持つ上記2つの性質が，いずれもヒトの持つ同調性から説明できることを実証した。サルガニクらは実験参加者をランダムに8つの市場のいずれかに割り振り，それぞれの市場においてどの音楽がどのように人気を得るか観察した。参加者の見る画面上には48曲の音楽のタイトルが並べられており，参加者はそれらを自由に視聴し，自由にダウンロードすることができた。また各曲のタイトルの隣には，その曲が当該市場にて既に何回ダウンロードされているか（社会的情報）が数字で示されていた。サルガニクらは社会的情報を示さない対照群も用意し，その対照群での曲のダ

ウンロード回数の順位が潜在的な人々の「真の選好の分布」であると仮定した。結果は,全ての市場が同じ 48 曲で構成されていたにもかかわらず,8つの市場それぞれにおいて曲の流行のパターンは大きく異なっていた。特に,「真の選好の分布」の中間順位に入る曲では,各市場における順位の間には大きな違いがあった(人気の予測不可能性)。またどの市場でも,人気を得た曲とそうでなかった曲とのダウンロード率の格差は,社会的情報のない対照群よりも大きくなった(スーパースター現象)。

文化市場にみられる予測不可能性とスーパースター現象という2つの性質は,ケアリ (L. niger) の蟻道システムのような非線形な動員システムの示す性質と類似している。ヒトの場合はフェロモンのような進化的に獲得したシグナルを用いないが,もしもダウンロード回数などの社会的情報に対して非線形な反応を示すのであれば,マクロ・レベルでの性質が類似することは十分考えられる。実際に社会心理学の古典的な実験では,ヒトが多数派への非線形な同調バイアスを持つことが示されている (Asch, 1956; Milgram, Bickman & Berkowitz, 1969)。しかしながら,これまで主に実験室の中で示されてきたヒトの同調傾向が,現実の社会現象にどの程度内在しているのかは,これからさらに詳しく研究されるべき課題である (Bond, 2005)。

4. 合意型意思決定

●群れにおける合意の必要

多くの動物の群れにとって,集団のまとまりを維持することは重要な課題の1つである。まとまりを維持するためには進む方向や移動のタイミングに関して各個体が同調しなければならない。同調,すなわち行動レベルでの合意 (consensus) を形成する過程でまず問題となるのは,個体間に利害の対立が存在するかどうかである (Conradt & Roper (2005) に豊富な事例がある)。個体間の利害対立とは,たとえば個体間の生理的要求レベルの差異などから生じる。現在休息している場所から飛び立つ最適なタイミングに関して,同じ群れの個体同士であってもそれぞれ異なる要求を持つことがあるだろう。このような,個体間の対立がある状況下でいかに合意を形成し集団のまとまりを維持するかとい

う問題は，様々な動物の群れにおいて重要である。たとえばゴールデンシャイナー（*Notemigonus crysoleucas*）という魚では，群れの個体間に選好の対立がある場合でも多数派同調が実現され，群れの移動に関する合意が形成される（Couzin, Ioannou, Demirel, Gross, Torney, Hartnett, Conradt, Levin, & Leonard, 2011）。この例をはじめ，個体間対立の存在は動物の合意型意思決定を扱う研究の大きな関心の1つである（Conradt & Roper, 2005）。

しかし合意を形成するというプロセスは，個体間の利害対立が存在しない場合，すなわち，ある個体にとって最適な選択肢は他のどの個体にとっても最適な選択肢となる場合においても，重要な機能を持つことがある。その機能とは，「3人寄れば文殊の知恵」というような，大数の法則からもたらされる多数決の力である。意思決定の環境には様々な不確実性が含まれているため，個体はしばしば質の低い選択肢を選んでしまう。しかし集団の多数派がとる選択肢は，もし条件を適切に満たすならば，たいていの場合は個体よりも優れているのである（Surowiecki, 2004）。しかし，多数派を利用するためには何が多数派かを知る必要がありそうである。票の集計をするような機関があるとは思われない動物の群れにおいて，いかにして多数決を司るシステムが実装できるのであろうか。以下からは，個体間の利害対立を考えなくてよい場合に焦点を絞り，動物がどのようなメカニズムで「多数決の力」を利用しているかを見ていく。

● 閾値反応

フランクスらは，巣を壊されたムネボソアリのコロニーが新たな営巣地へどのようにコロニー全体で移行するかを実験によって確かめた（Franks, Mallon, Bray, Hamilton, & Mischler, 2003）。引越しのためには全ての個体が同じ場所へ移動する必要がある。実験アリーナには5つの候補地が設けられ，それらは巣の質を決める3つの要素（暗さ，高さ，幅）がそれぞれ異なっていた。その5つの中に，1つだけ最も質の高い候補地が設置されていた。実験の結果，ムネボソアリは5つの候補地の中で最も総合的な質が高い候補地に，数時間のうちに引越すことができたのであった。

このムネボソアリのコロニー移動の鍵を握っているのが「閾値反応（quorum sensing, quorum response）」と呼ばれるメカニズムである。ムネボソアリのリク

ルーターは通常，"tandem running"と呼ばれる方法で未稼働個体を動員する（Pratt, Mallon, Sumpter et al., 2002）。それは，リクルーターが巣にいる未稼働個体1匹をゆっくりと候補地まで誘導する方法で，線形な動員メカニズムである（Beckers, Deneubourg, Goss et al., 1990）。したがってtandem runningだけではコロニー全体が1カ所の候補地へ集合することはない。しかしムネボソアリのリクルーターは，候補地にいるワーカーの密度がある閾値を超えたことを感知すると，より迅速な動員を可能とする"transport"と呼ばれる動員方法に切り替えることによって，最終的な候補地への大移動を可能としている。transportとは，リクルーターが巣の未稼働個体やブルード（幼虫）を持ち上げて強制的に運搬する動員方法で，tandem runningよりも格段に速く移動できる。したがって，一度ある候補地へ向けたtransportが始まると，tandem runningとの相対的な速度の差によって，transportの始まった候補地へ全ての個体が移動するのである。プラットらは個体ベース・モデルを用いたシミュレーションを行い，1つの候補地にいるワーカーの密度がある閾値を超えた時点でtandem runningからtransportに動員方法を切り替えることによって，クオリティの高い候補地を引越し先として選べることを示した（Pratt, Sumpter, Mallon, & Franks, 2005）。

　ここでムネボソアリが用いているような，社会的情報の閾値を境に行動を質的に変化させる合意形成システムのことは閾値反応と呼ばれている。閾値反応を用いることで，社会的情報が閾値に達するまで各ワーカーは環境を探索して回ることができる。そして次第に特定の候補地へ「支持」が集まり，いよいよその支持者数が閾値（最低票数；quorum）を超えると，その候補地が採択されるのである。この投票と類似したメカニズムを備えることによって，ムネボソアリは最適な引越し先を選ぶことに成功しているのである。ムネボソアリの採餌個体は他の採餌個体との物理的な接触の頻度によって個体数密度が閾値に達したことを感知し，個々に反応する。それによって中枢個体がいない分散化されたシステムであっても，投票による多数決と類似の機能を発揮できるのである（Pratt, 2005）。

　近年，このムネボソアリのみならず，多くの動物の群れにおいて閾値反応による合意形成が観察されている。たとえばミツバチも，分蜂（巣分かれ）の際

に閾値反応を用いることで，質の高い営巣地へ移動できることが確認されている（Seeley, 2010; Seeley & Visscher, 2003; 2004）。採餌場面と同様に，分蜂の際にもリクルーターは尻振りダンスによって未稼働個体を動員する。訪れた営巣候補地の質の良さに応じて尻振りダンスの強度を調整し，質依存的な正のフィードバックを生み出す。それによって採餌時と同様に，質の高い候補地へとワーカーを効率的に集めることができるのである。しかし分蜂が採餌場面と異なるのは，やはり最終的に全個体が候補地へ移動しなければならないという点である。ミツバチは，候補地にいる探索個体の密度が閾値を超えると "piping" と呼ばれる行動を開始して飛び立つ準備（i.e., 翅を動かす筋肉の温度を上げる）を始めることで，引越し先とタイミングについての合意を生み出しているのである（Visscher & Seeley, 2007）。

また脊椎動物の群れにおいても閾値反応が重要な役割を果たしていることが示唆されている。ウォードらはトゲウオ（*Gasterosteus aculeatus*）の群れが閾値反応によって集団のまとまりを維持しつつ，同調的に移動することを示した（Ward, Sumpter, Couzin, Hart & Krause, 2008）。彼らはY字路の水槽の中にトゲウオの群れを配置し，トゲウオのレプリカを動かすことで群れ全体を誘導する実験を行った。結果，トゲウオの個体は，閾値以上の数のレプリカが同じ方向へ進むと，それに同調して移動する傾向を示した。

霊長類では，トンケアンモンキー（*Macaca tonkeana*）において，群れの移動の際に閾値反応が見られることが示されている（Sueur, Deneubourg, & Petit, 2010）。パッチ上に分布した草木地間を群れがどのように移動するかを観察した結果，群れの移動に先立ち群れの中心から離れ（intention movement），群れの方を振り返る（back glance）という前駆行動（preliminary behavior）を行う個体の数が閾値を超えたときに，残りの個体の移動が誘発されやすかった。

トゲウオやトンケアンモンキーに見られるような閾値型の頻度依存的反応は，他個体の存在頻度に対する非線形な同調行動とも言い換えることができる。同調の非線形性によって閾値反応がなされ，トゲウオやトンケアンモンキーでは群れのまとまりが維持されている。このように，集約型意思決定でのマクロ・パターンに影響を与える個体の反応の非線形性が，合意型意思決定の状況においては閾値反応を形成する要としての機能も持ちうるのである。また，トンケ

4. 合意型意思決定

アンモンキーでは，単純な閾値反応に加えて，個体同士の社会的なつながりも同調確率に影響することが示されている（Sueur, Deneubourg, & Petit, 2011）。霊長類の群れが合意に至る過程では，社会的ネットワークや群れ内での順位なども大きな影響を持つだろう（霊長類の群れの移動に関しては，King & Sueur (2011) に詳細なレビューがある）。

● ヒトの用いる多数決ルール

これまで見てきた動物の定足数反応という合意形成メカニズムは，ヒトの社会で広く採用されている投票の仕組みと類似した機能を持っている。合意形成の仕組みを決める際には，合意を過半数の支持（e.g., 多数決）で形成すべきか，それとももっと多くの支持（e.g., 3分の2や全員一致）で形成するべきかという問題が生じる。この，閾値設定の問題は集団意思決定のパフォーマンスに大きな影響を及ぼすものである。

一般に閾値の大きさは，集団意思決定の「速さ」と「正確さ」という2種類のパフォーマンスへ影響を与えると考えられる。閾値を小さくすれば，集団が1つの解を選択するまでの時間は短くなるが，意思決定の精度は低くなってしまう。一方，閾値を高く設定すれば意思決定の精度は上がるだろうが，合意形成までに長い時間を要することになるだろう。したがって，閾値の設定は，集団意思決定の速さと正確さとの間にトレードオフを生むのである。真社会性昆虫のようにコロニーレベルでのパフォーマンスに淘汰圧がかかる動物では，そのトレードオフ関係の最適な妥協点となる閾値が進化的に採用されていると予測することができる。また，このトレードオフ関係は，ヒト社会の制度設計を行う上でも基礎的な指針を提供するものだろう。

しかしヒト社会では，パフォーマンスとは無関係に閾値が決められることがしばしばある。ヒトの場合には，意思決定手続きの公正さ（i.e., 手続き的正義）に基づいて合意形成手続きが決定される場合があるからである（亀田，1997）。たとえば現在，米国における刑事事件の裁判では，ほとんどの場合に陪審員の全員一致なしでは有罪判決を下すことはできない。この制度は，1970年代の米国最高裁にて，陪審員の全員一致なしに刑事事件の有罪判決を下すことの合憲性が争われた経緯に由来している（Apodaca v Oregon, 1972; Johnson v Louisiana,

1972)。しかし面白いことに,デービスらは模擬裁判を使って「全員一致ルール」と3分の2を占めた審判を採択する「多数決ルール」のパフォーマンスを比較し,両者の判決のパターンにはほとんど差がないことを発見した(Davis, Kerr, Atkin, Holt, & Meek, 1975)。他にも,模擬裁判や集団意思決定に関する研究でも同様の結果が得られている(包括的な総説は Kerr & Tindale, 2004 を見よ)。このように,実際のヒト社会に見られる集団意思決定の制度は,必ずしもパフォーマンス・ベースで採用されているものばかりではないため,一概に動物のシステムと比較することはできない。この点は注意が必要である。

●情報の集約と集合知

18世紀のフランスの数学者であり哲学者でもあったコンドルセ侯爵は,シンプルな数理モデルを使って,多数決がいかにパフォーマンス・ベースで優れた仕組みであるかを示した(コンドルセの陪審定理,Condorcet, 1785/1994)。いま2つの選択肢から各メンバーがそれぞれ1つを採用するという場面について考える(e.g., 有罪か無罪か,移動するか留まるか)。選択肢のうちどちらか一方が,誰にとっても正解(期待効用を高めるもの)である。多数決の勝者を簡単に定義するため,ここでは集団のサイズは奇数($2m+1$)であると仮定する。さて,いま個体が単独でこの問題に解答したときの正解確率をpと置く。このとき,集団の各メンバーがそれぞれ正解だと思うどちらか一方の選択肢に必ず投票したとき,多数派が示す解答(i.e., $m+1$個体以上から支持された選択肢)の正解する確率P_Gは以下の式で表現することができる:

$$P_G = \sum_{k=m+1}^{2m+1} \binom{2m+1}{k} p^k (1-p)^{2m+1-k}$$

個体あたりの正答率pが0.5よりも大きければ,多数決ルールの下での集団意思決定の正解確率は大きく上昇する(i.e., $P_G \gg p > 0.5$,図5-1右図)。またこの定理からは,集団サイズに伴って集団の平均パフォーマンスが上昇するということも分かる(図5-1左図)。この性質は,集団意思決定を実証的に扱った過去の研究でも見られてきたものである(e.g., Kameda, 1991; Kerr, MacCoun, & Kramer, 1996; Kerr & Tindale, 2004)。

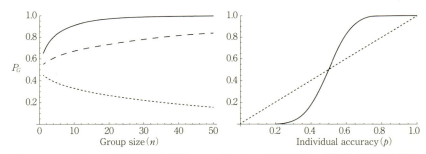

図 5-1 コンドルセの陪審定理の性質 コンドルセの陪審定理は，多数決が平均的個人よりも正確な意思決定が可能となる条件を示す。左図は，集団サイズ (n) と多数派の決定精度 (P_G) との関係を示している（ただし，点線：個体あたりの意思決定精度 (p) = 0.45, 破線：(p) = 0.55, 棒線：(p) = 0.65)。右図の棒線は，個体あたりの意思決定精度 (p) と多数決の精度 (P_G) との関係を示している（ただし，集団サイズを n = 21 に固定）。右図点線は，比較のための $P_G = p$ を示している。個体あたり精度 p が 0.5 を下回るとき，多数決の精度は個体よりも下がってしまうことに注意されたい。

　コンドルセの定理の適用範囲は多数決に限られるが，多数決ではなくたとえばメンバーの意見の平均値を採用するという場合も (e.g., Galton, 1907; Larrick & Soll, 2006; Oldroyd, Gloag, Even, Wattanachaiyingcharoen, & Beekman, 2008)，各個体の誤差項を相殺する統計的な大数の法則によって，集団レベルのパフォーマンスの上昇は生じる（"many wrongs": Simons, 2004)。

　情報の集約によって平均的な個体のレベルからは実現できない程の高い意思決定パフォーマンスが生じる現象は「集合知 (Wisdom of Crowds)」と呼ばれている (Surowiecki, 2004)。コンドルセの定理や大数の法則は，集合知の力を説明すると同時に，集合知発生のために満たさなければならない条件も提示している。その1つとして，各個体から投入される情報は統計学的な「独立で同一な確率分布 (i.i.d.)」から取り出されるという条件がある。すなわち，逆説的だが，集団を形成する各個体は，情報集約の局面では互いに依存しながらも，それぞれが情報を集めてくる段階では互いに独立でなければならないのである (Surowiecki, 2004)。この逆説がどのように解かれるのかは，自明ではない問題であろう。

5. 集団意思決定研究の展望

●独立性と相互依存性の葛藤

　情報伝達から集合知が生じるには，情報を投じる各個体の情報のサンプリングがそれぞれ独立でなければならない（Surowiecki, 2004）。しかし，情報が伝達されるということはすなわち，個体同士に相互作用があることを意味する。個体同士が相互作用をしながら，同時に互いが独立であることなど可能なのであろうか。個体ベース・モデルを用いたシミュレーションからも，シグナルを介した相互依存的な動員を行いつつも，各個体が行う選択肢への評価を独立に行わなければ，コロニー全体はしばしば質の悪い選択へと陥ってしまうことが示されている（List et al., 2009）。

　古典的な社会心理学の研究では，ヒトが意思決定において高い相互依存性を示すことが発見されてきた（Asch, 1951; Sherif, 1936）。集団で同じ課題を解くといった場面において，メンバーの知覚的・認知的エラーが相関してしまうのである。さらにヒトの場合は，社会的・文化的な文脈が各個人への同調圧力を強めることがある（Janis, 1972; 1982）。また規範的な信念の共有も，個人の判断に相互依存性をもたらすだろう（e.g., Bateson, Nettle, & Roberts, 2006）。

　これらの知見は，情報化と言われて久しい人間社会が集合知を応用していく際に乗り越えなければならない1つの制約を示している。コミュニケーション技術の発展は情報伝達を促進し，探索の相互依存性を高めるだろう。しかし同時に，個人の評価の独立性をヒトが保てるかどうかは自明でない。これまでの社会心理学の研究では，この2つを切り分けてこなかった。ヒトの個体レベルでの意思決定がどのように社会的影響を受け，それがどのように集団意思決定のパフォーマンスへ帰結するのか，理論と実証の両面からさらに追求されるべきだろう。

●フリーライダーの影響

　集合知を生み出す力を持った多数決ルールであるが，その効果が発揮される前提には「個体あたりの正解率が偶然より高い」という条件がある（図5-1右

図：$p > 0.5$ の範囲でのみ多数決の精度（P_G）が上昇することに注意）。これは言い換えると，各個体が偶然より高い正答率になる程度の情報を持っていなければ集合知は発生しないということである。したがって，集合知の力に頼る場面であっても，この条件を満たす程度には各個体が情報を収集しなければ，集合知の効果は見込まれないのである。

　しかし，メンバーのほとんどが非血縁個体からなるヒトなどの集団では，集団の生み出す利益にただ乗りしようとするフリーライダーの存在が予想される。情報伝達のなされる集団中では，情報は公共財である（Bolton & Harris, 1999）。したがってこの公共財供給をめぐるゲームが，ヒトの集団意思決定の根底に存在しているのである。他者の生産する情報を利用するばかりで自身は情報を生産しないフリーライダーの存在は，集団意思決定のパフォーマンス，あるいは集合知の生成を消してしまうだろうか。ロジャースは進化ゲームモデルを用いて，社会的学習（i.e., 集団内での情報伝達）の機会があっても平均適応度の上昇は生じないことを示した（Rogers, 1988）。しかし，仮に情報伝達が少しも集合知効果を生み出さないのだとすると，なぜこれほどまでに文化伝達は普遍的に行われているのだろうか。このロジャースのパラドクスと呼ばれる問題は，理論・実証の両側から多くの関心を集めてきた（e.g., Kameda & Nakanishi, 2003）。これらの研究は主に，ロジャースのモデルで考慮されていなかった様々な種類の社会的学習戦略（e.g., *copy-when-uncertain* 条件付き戦略など）をモデルに組み込むことで，パラドクスが解消することを示すものである。

　豊川・亀田（2014）および Toyokawa, Kim, & Kameda（2014）（以後豊川ら）は，従来とは異なる観点からこのパラドクスへアプローチした。豊川らは，動物の意思決定問題に遍在する「探索と収穫のジレンマ」を組み込んだタスクを用いた実験室実験によって，フリーライダーの存在下でも集合知が発生することを示した。実験タスクは，参加者同士が互いの行動を観察できる状況で，各参加者が「多腕バンディット問題（multi-armed bandit problem）」を解くという，集約型意思決定の課題であった。参加者は複数のスロットマシンを繰り返しプレイしながら，報酬を稼ぐ。その際参加者には，将来の稼ぎを大きくするために未知のスロットマシンを試す（探索）か，それとも既知のマシンの中で良さそうなものを選ぶか（収穫）の間で葛藤が生じる。この「探索 – 収穫のジレン

第5章　人間と動物の集団意思決定

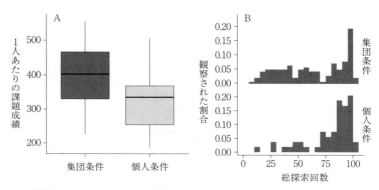

図 5-2　**意思決定パフォーマンスと探索フリーライダー**（Toyokawa et al. 2014 より改訂）　(A) 多腕バンディット課題における個人条件と集団条件との成績比較。縦軸は，1 人あたりの課題成績を示している（ただし値域は，最低 100 〜最高 600）。集団条件の成績は，個人条件の成績を上回っていた。つまり，集合知が生じたということである。(B) 多腕バンディット課題での各参加者の探索回数の頻度分布。集団条件では個人条件に比べ，1 人あたりの探索確率が低かった。これは探索をめったに行わない参加者がいたためであった。

マ」が多腕バンディット問題の本質である。豊川らはここに，自身の試行だけでなく他者の選択をも観察することができるという社会的学習の機会を設けた。つまり参加者には，他者の探索へただ乗りする誘引が働く状況であった。実験の結果，たしかに集団内で探索をあまり行わないフリーライダーが発生した。それにも関わらず，意思決定のパフォーマンスは社会的学習によって上昇したのである（図 5-2）。多腕バンディット問題においては，情報探索から知識の収穫へ適切に移行することが何よりも重要である。豊川らの実験では，探索を行わない個体の存在が，むしろタスクの後半において収穫への移行を促し，パフォーマンス向上へ寄与していた。従来の社会的学習研究では，探索を行わない個体はフリーライダーとして負の側面のみが考慮されてきた。しかし，意思決定過程全体を通じてみれば，必ずしも負の側面だけではないことが示されたのである。これは，「探索と収穫のジレンマ」を考慮した枠組みによって初めて明らかになった点である。

しかしながら，依然として従来のロジャースパラドクスの研究との理論的な結びつきは確立されていない。豊川らの実験結果と従来の知見とを理論的に結

びつけるモデルを研究する必要があるだろう。理論経済学における研究に，この基礎をあたえるものが存在する（e.g., Bolton & Harris, 1999）。そこに生物学的・心理学的な拡張を与えるのは，今後に残された大きな課題の1つだろう。

　動物の集団意思決定を統合的に捉えようとする昨今の気運は，これまで未整理だったヒトの集合行動や集団意思決定に関する知見へも光を与えるものである。また，動物の集団意思決定は，社会科学に留まらず，情報科学や複雑系科学などの幅広い分野からの興味を惹き付けている（Sumpter, 2010）。分野間を隔てる言語やアプローチの壁は依然として厚い。しかし「動物の集団意思決定」は，分野間を接合する1つのキーワードとなるであろう。対象とする生物種が何であっても，対象をシステムとして捉えたとき，そこに興味深いパターンが横断していることに気づくのである。

参考文献

Akerlof, G. A., & Shiller, R. J. (2009). *Animal spirits: How human psychology drives the economy, and why it matters for global capitalism.* Princeton, NJ: Princeton University Press.

Allen, J. L. (2002). *Conclave: The politics, personalities, and process of the next Papal election.* New York, NY: Doubleday.

Asch, S. (1956). Studies of independencies and conformity. A minority of one against a unanimous majority. *Psychological Monographs*, **70**, 1-70.

Bateson, M., Nettle, N., & Roberts, G. (2006). Cues of being watched enhance cooperation in a real-world setting. *Biology Letters*, **2**, 412-414.

Beckers, R., Deneubourg, J. L., & Goss, S. (1992). Trails and U-turns in the Selection of a Path by the Ant *Lasius niger*. *Journal of theoretical biology*, **159**, 379-415.

Beckers, R., Deneubourg, J. L., & Goss, S. (1993). Modulation of trail laying in the ant Lasius niger (Hymenoptera: Formicidae) and its role in the col- lective selection of a food source. *Journal of Insect Behavior*, **6**, 751-759.

Beckers, R., Deneubourg, J. L., Goss, S., & Pasteels, J. M. (1990). Collective decision making through food recruitment. *Insectes Sociaux*, **37**, 258-267.

Biro, D., Sumpter, D. J. T., Meade, J., & Guilford, T. (2006). From compromise to leadership in pigeon homing. *Current Biology*, **16**, 2123-2128.

Boehm, C. (1996). Emergency decisions, cultural- selection mechanics, and group selection. *Current Anthropology*, **37**, 763-793.

Bolton, P., & Harris, C. (1999). Strategic experimentation. *Econometrica*, **67**, 349-374.

Boyd, R., & Richerson, P. J. (1985). *Culture and the evolutionary process.* Chicago, IL:

University of Chicago Press.

Camazine, S., Deneubourg, J. L., Franks, N. R., Sneyd, J., Theraulaz, G., & Bonabeau, E. (2001). *Self-organization in biological systems*. Princeton studies in complexity. Princeton, New Jersey: Princeton University Press.

Camazine, S., & Sneyd , J. (1991). A model of collective nectar source selection by honey bees: Self-organization through simple rules. *Journal of Theoretical Biology*, **149**, 547-571.

Christakis, N. A., & Fowler, J. H. (2007). The spread of obesity in a large social network over 32 years. *New England Journal of Medicine*, **357**, 370-379.

Claidiére, N., Bowler, M., & Whiten, A. (2012). Evidence for weak or linear conformity but not for hyper-conformity in an everyday social learning context. *PLoS one*, **7**, e30970.

Condorcet, M. (1785/1994). *Éssai su l'application de l'analyse à la probabilité des décisions rendues à la plu- ralité des voix* (trans. McLean & Hewitt). Aldershot: Edward Elgar.

Conradt, L., & List, C. (Eds.) (2009). Theme issue: group decision making in humans and animals. *Philosophical Transactions of the Royal Society B*, **364**, 719-852.

Conradt, L., & Roper, T. J. (2005). Consensus decision making in animals. *Trends in Ecology and Evolution*, **20**, 449-456.

Couzin, I. D., Loannou, C. C., Demirel, G., Gross, T., Torney, C. J., Hartnett, A., Conradt, L., Levin, S. A., & Leonard, N. E. (2011). Uninformed individuals promote democratic consensus in animal groups. *Science*, **334**, 1578-1580.

Davis, J. H. (1969). *Group performance*. Reading, MA: Addison-Wesley.

Davis, J. H. (1973). Group decision and social interaction: A theory of social decision schemes. *Psychological Review*, **80**, 97-125.

Davis, J. H., Kerr, N. L., Atkin, R. S., Holt, R., & Meek, D. (1975). The decision processes of 6- and 12- person mock juries assigned unanimous and two- thirds majority rules. *Journal of Personality and Social Psychology*, **32**, 1-14.

Festinger, L. (1954). A theory of social comparison processes. *Human Relations*, **7**, 117-140.

Fowler, J. H., & Christakis, N. A. (2008). Dynamic spread of happiness in a large social network: Longitudinal analysis over 20 years in the Framingham Heart Study. *British Medical Journal*, **337**, a2338.

Franks, N. R., Mallon, E. B., Bray, H., Hamilton, M. J., & Mischler, T. C. (2003). Strategies for choosing between alternatives with different attributes: Exemplified by house-hunting ants. *Animal Behaviour*, **65**, 215-223.

Galton, F. (1907). Vox Populi. *Nature*, **75**, 450-451.

Glaeser, E. L., Sacerdote, B., & Scheinkman, J. A. (1996). Crime and social interactions. *Quarterly Journal of Economics*, **111**, 507-548.

Goss, S., Aron, S., Deneubourg, J. L., & Pasteels, J. M. (1989). Self-organized shortcuts in the Argentineant. *Naturwissenschaften*, **76**, 579-581.

Hastie, R., & Kameda, T. (2005). The robust beauty of majority rules in group decisions. *Psychological Review*, **112**, 494-508.

Hastie, R., Penrod, S. D., & Pennington, N. (1983). *Inside the jury*. Cambridge, MA: Harvard University Press.

Janis, I. L. (1972). *Victims of groupthink*. New York, NY: Houghton Mifflin.

Janis, I. L. (1982). *Groupthink: Psychological studies of policy decisions and fiascoes* (2nd ed). New York, NY: Houghton Mifflin.

Kameda, T. (1991). Procedural influence in small group decision making: Deliberation style and assigned decision rule. *Journal of Personality and Social Psychology*, **61**, 245-256.

亀田達也 (1997). 認知科学モノグラフ③ 合議の知を求めて：グループの意思決定 共立出版.

Kameda, T., & Nakanishi, D. (2003). Does social/cultural learning increase human adaptability? Rogers' question revisited. *Evolution and Human Behavior*, **23**, 373-393.

Kameda, T., & Tindale, R. S. (2006). Groups as adaptive devices: Human docility and group aggregation mechanisms in evolutionary context. In M. Schaller, J. Simpson, & D. Kenrick (Eds.), *Evolution and social psychology*. New York, NY: Psychology Press. pp. 317-341.

Kameda, T., Tsukasaki, T., Hastie, R., & Berg, N. (2011). Democracy under uncertainty: The wisdom of crowds and the free-rider problem in group decision making. *Psychological Review*, **118**, 76-96.

Kameda, T., Wisdom, T., Toyokawa, W., & Inukai, K. (2012) Is consensus-seeking unique to humans? A selective review of animal group decision-making and its implications for (human) social psychology. *Group Processes & Intergroup Relations*, **15**, 673-689.

Kerr, N. L., MacCoun, R., & Kramer, G. P. (1996). Bias in judgment: Comparing individuals and groups. *Psychological Review*, **103**, 687-719.

Kerr, N. L., & Tindale, R. S. (2004). Group performance and decision making. *Annual Review of Psychology*, **55**, 623-655.

King, A. J., & Sueur, C. (2011). Where next? Group coordination and collective decision making in Primates. *International Journal of Primatology*, **32**, 1245-1267.

Larrick, R. P., & Soll, J. B. (2006). Intuitions about combining opinions: Misappreciation of the averaging principle. *Management Science*, **112**, 111-127.

Latane, B., & Wolf, S. (1981). The social impact of majorities and minorities. *Psychological Review*, **88**, 438-453.

List, C., Elsholtz, C., & Seeley, T.D. (2009). Independence and interdependence in collective decision making: an agent-based model. *Philosophical Transactions of the Royal Society B*, **364**, 755-762.

Milgram, S., Bickman, L., & Berkowitz, L. (1969). Note on the drawing power of crowds of different size. *Journal of Personality & Social Psychology*, **13**, 79-82

Nicolis, S. C., & Deneubourg, J. (1999). Emerging patterns and food recruitment in ants: an analytical study. *Journal of theoretical biology*, **198**, 575-592.

Oldroyd, B. P., Gloag, R. S., Even, N., Wattanachaiyingcharoen, W., & Beekman, M. (2008). Nest site selection in the open-nesting honeybee *Apis florea*. *Behavioral Ecology and*

Sociobiology, **62**, 1643-1653.
Pratt, S. C. (2005). Quorum sensing by encounter rates in the ant *Temnothorax albipennis*. *Behavioral Ecology*, **16**, 488-496.
Pratt, S. C., Mallon, E., Sumpter, D. J. T., & Franks, R. N. (2002). Quorum sensing, recruitment, and collective decision-making during colony emigration by the ant *Leptothorax albipennis*. *Behavioral Ecology and Sociobiology*, **52**, 117-127.
Pratt, S. C., Sumpter, D. J. T., Mallon, E. B., & Franks, N. R. (2005). An agent-based model of collective nest choice by the ant *Temnothorax albipennis*. *Animal Behaviour*, **70**, 1023-1036.
Raafat, R. M., Chater, N., & Frith, C. (2009). Herding in humans. *Trends in Cognitive Sciences*, **13**, 420-428.
Rogers, A. (1988). Does biology constrain culture? *American Anthropologist*, **90**, 813-819.
Rosen, S. (1981). The Economics of Superstars. *The American Economic Review*, **71**, 845-858.
Salganik, M. J., Dodds, P. S., & Watts, E. (2006). Experimental study of inequality and cultural market. *Science*, **311**, 854-856.
Seeley, T.D. (2010). *Honeybee democracy*. Princeton, NJ: Princeton University Press.
Seeley, T. D., Camazine, S., & Sneyd, J. (1991). Collective decision-making in honey bees: how colonies choose among nectar sources. *Behavioral Ecology and Sociobiology*, **28**, 277-290.
Seeley, T. D., & Towne, W. (1992). Tactics of dance choice in honey bees: do foragers compare dances? *Behavioral Ecology and Sociobiology*, **30**, 59-69.
Seeley, T. D., & Visscher, P. K. (2003). Choosing a home: How the scouts in a honey bee swarm perceive the completion of their decision making. *Behavioral Ecology and Sociobiology*, **54**, 511-520.
Seeley, T. D., & Visscher, P. K. (2004). Quorum sensing during nest-site selection by honeybee swarms. *Behavioral Ecology and Sociobiology*, **56**, 594-601.
Sherif, M. (1936). *The psychology of social norms*. New York, NY: Harper Collins.
Simons, A. M. (2004). Many wrongs: The advantage of group navigation. *Trends in Ecology and Evolution*, **19**, 453-455.
Sueur, C., Deneubourg, J., & Petit, O. (2010). Sequence of quorums during collective decision making in macaques. *Behavioral Ecology and Sociobiology*, **64**, 1875-1885.
Sueur, C., Deneubourg, J., & Petit, O. (2011). From the first intention movement to the last joiner: macaques combine mimetic rules to optimize their collective decisions. *Proceedings of the Royal Society B*, **278**, 1697-1704.
Sumpter, D. J. T. (2010). *Collective animal behavior*. Princeton, NJ: Princeton University Press.
Sumpter, D. J. T., & Pratt, S. C. (2003). A modeling framework for understanding social insect foraging. *Behavioral Ecology and Socioniology*, **53**, 131-144.
Sumpter, D. J. T., & Pratt, S. C., (2009). Quorum responses and consensus decision making. *Philosophical Transactions of Royal Society B*, **364**, 743-753.

Surowiecki, J. (2004). *The wisdom of crowds: Why the many are smarter than the few and how collective wisdom shapes business, economies, societies and nations.* New York, NY: Doubleday.

豊川航・亀田達也（2013）．ヒトと動物の「集団意思決定」をつなぐ　動物心理学研究，**63**, pp. 107-122.

豊川航・亀田達也（2014）．"探索と収穫のジレンマ"における社会的学習と集合知効果の実験的検討　北海道心理学研究，**36**, pp. 1-14.

Toyokawa, W., Kim, H., & Kameda, T. (2014). Human collective intelligence under dual exploration-exploitation dilemmas. *PLoS ONE*, 9, e95789.

Visscher, P. K., & Seeley, T.D. (2007). Coordinating a group departure: who produces the piping sig- nals on honeybee swarms? *Behavioral Ecology and Sociobiology*, **61**, 1615-1621.

Ward, A. J. W., Sumpter, D. J. T., Couzin, I. D., Hart, P. J. B., & Krause, J. (2008). Quorum decision-making facilitates information transfer in fish shoals. *Proceedings of the National Academy of Science of United States of America*, **105**, 6948-6953.

第6章　集団の生産性とただ乗り問題
――「生産と寄生のジレンマ」からの再考

1. はじめに

　実験社会科学シリーズ全体を通じ繰り返し論じられてきたように，協力をめぐる問題は，経済学，心理学，人類学，政治学などの社会科学領域と，生物学，脳科学を含む自然科学領域をまたぐ共通の基礎問題として，あまたの研究者の関心を集めてきた。ハチやアリなどの社会性昆虫と並んで，群れで生きることにより進化的な大成功を収めてきたヒトにおいて，どのように群れ生活の便益，すなわち，単独の個体では成し遂げられない集団レベルの便益（経済学の言葉を使えば「規模の経済」（economy of scale））を実現できるのかという問いは，極めて根源的である。そうした共通の問いを考える上で，これまでの社会科学的検討では，「社会的ジレンマ」（social dilemma）をモデルケースとして用い，協力問題をとらえることがほとんどだった。本章では生態学的な観点から，この仮定そのものの妥当性を再考し，「社会的ジレンマ＝集団内協力問題」という基本図式の見直しが集団の生産性をめぐる問題に対してもつ意味を，実験とモデルを通じて探る。

2. 秩序問題と社会的ジレンマ

　ヒトは，ハチやアリなどの社会性昆虫と並んで，群れでの生活に高度に順応してきた生物種である（Dunbar, 1996）。しかし，血縁の社会を構成するハチ，アリとは異なり，非血縁者を含むヒト集団においては，集団への協力をめぐる個体間の利害葛藤が，よりはっきりしたかたちで現れやすい。こうした個体間での利害葛藤をどのように乗り越え，集団のなかで安定した協力関係（よりよい秩序）を実現するかという問題は，社会科学の中では，秩序問題（problem

第6章　集団の生産性とただ乗り問題

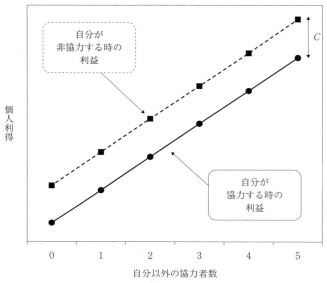

図 6-1　6人集団での社会的ジレンマゲームにおける個人の利得関数の例　横軸は自分以外の5人のうち何人が協力するかを示し，それぞれの場合に，自分が非協力の手を取るときの利得（破線），協力の手を取るときの利得（実線）を図示している。2つの直線間の距離 $C(>0)$ は，協力のコストに相当する。

of order），ホッブズ問題として知られてきた（「序章」参照）。

　第3章で論じられているように，こうした秩序問題の社会科学的検討では，社会的ジレンマゲームを用いて，個体間の相互依存関係を定式化することがほとんどである。社会的ジレンマとは次のように定義される集団状況を指す（Dawes, 1980）。

① 各個人は，その状況で協力か非協力かを選ぶことができる。
② 1人1人にとっては，協力よりも非協力を選ぶ方が，有利な結果が一意的に得られる。
③ しかし全員が自分にとって有利な非協力を選んだ場合の結果は，全員が協力を選んだ場合の結果よりも悪い。

図6-1に社会的ジレンマゲームにおける個人の利得関数の例を示した。図の横軸は，自分以外の集団メンバーの中で，協力する個人が何人いるかを示している。図から分かるように，ほかの何人が協力しようとも，個人にとっては，協力よりも非協力の手を取る方が一意的に，Cの分だけ有利である（この意味でCを，非協力と比べたときの「協力のコスト」と見なすことができる）。しかし全員が，優越戦略である非協力の手を取った場合の個人利得（左下の■）は，全員が協力の手を取った場合の個人利得（右上の●）を下回る（社会的ジレンマの均衡はパレート劣位である）。

広く知られている2人ゲームである囚人のジレンマも，これらの条件をすべて満たしている。囚人のジレンマでも，非協力を選ぶ方が個人的には常に有利だが（条件②），2人そろって非協力の手を取った場合の結果はそろって協力の手を取る場合の結果よりも悪くなる（条件③）。このように，社会的ジレンマとは，囚人のジレンマを一般化した状況，つまり，個人にとっての利益と3者以上からなる集団全体の利益が対立する事態を指す。「自分1人くらいは良いだろう」と思って行動することが，結局は集団全体の首を締める結果につながる集団状況が社会的ジレンマであり，「共有地の悲劇」（Hardin, 1968）を含む秩序問題のほとんどが，このゲームモデルにより捉えられてきた（第3章参照）。

3. 社会的ジレンマは普遍的か？

この「秩序問題＝社会的ジレンマ」という基本図式は，相互協力に関するさまざまな研究を統合する上で非常に重要な役割を果たしてきた（山岸，1990）。しかし，社会的ジレンマは，ヒトを含む群居性の動物たちの実際の相互依存関係を定式化する上で，生態学的に見て，どの程度妥当なモデルなのだろうか？

●社会的ジレンマモデルと集団生産性

このことを考えるために，図6-1のグラフを，図6-2のように書き直してみよう。図6-1とは異なり，図6-2の横軸は，自分を含む集団の中の協力者の総数を示す。縦軸は，それぞれの場合の，メンバー1人あたりの収益（協力コストCを差し引く前の収益，すなわち，[協力者1人のもたらす限界収益δ×協力者数]

第6章 集団の生産性とただ乗り問題

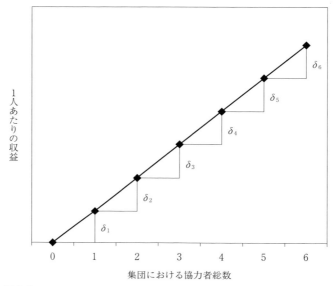

図 6-2 社会的ジレンマ状況における集団生産関数の例(図 6-1 に基づく) 横軸は集団における協力者総数を,縦軸はそれぞれの場合での1人あたりの収益を示す。δ は,協力によってメンバー1人にもたらされる収益の増分(限界収益)であり,この値は協力者の数によらず一定である($\delta_1 = \delta_2 = \delta_3 = \delta_4 = \delta_5 = \delta_6$)。また,社会的ジレンマの条件②から,$\delta < C$ である。

/6)を表している。言い換えると,図 6-2 は,協力者の人数に応じた「集団としての生産関数」(group production function)を表していると見ることができる。

この図から分かるように,図 6-1 の社会的ジレンマ状況では,協力者が1人増えるごとに,1人あたりのメンバーが受け取る収益は δ だけ増える。つまり,集団内の誰かがコスト C を払って協力すると,本人を含むグループ全員が δ の収益を得ることになる。さらに δ は,協力者数が0から1に増える場合,1から2に増える場合,2から3に増える場合など,すべての場合で等しい($\delta_1 = \delta_2 = \delta_3 = \delta_4 = \delta_5 = \delta_6$)。つまり,図 6-1 の社会的ジレンマ状況では,集団に寄与する協力者が1人増えるに従って,集団の生産も一定量分(δ)増えていくこと,すなわち,集団生産関数が線形であることを意味している。社会的ジレンマの定義では,協力に伴う集団生産の増分が協力コストよりも小さい($\delta <$

C）ことが仮定されるから，条件②に見るように，メンバーの1人1人にとっては，協力よりも非協力を選ぶ方が，一意的に有利になる。

● 自然環境での「適応問題」の構造を考える

それでは次に，集団での協力について，生態学的な観点を導入してみよう。ここでは，集団が自然環境において繰り返し直面する課題について，その構造を考えたい。

ヒトを含む群居性の動物たちが，自然環境で生き残るためには，どのような課題をうまく解かねばならないのだろうか。こうした生き残りのために解かれねばならない課題群のことを，行動生態学や進化生物学では，適応問題（adaptive problems）と呼ぶ。猛獣などの捕食者をどう警戒し捕食リスクを低減するのか，よい採餌場所や営巣地をどのように見つけるのかなどの問題は，ヒトだけではなく動物たち一般が直面する，普遍的な適応問題の代表例である。ここでの問いは，こうした適応問題の構造が，本当に社会的ジレンマの構造になっているのかという問いである。

手始めに，集団のメンバーが猛獣などの捕食者を警戒する場面を考えてみよう。例えば，草原で草を食べているシカの群れをイメージしてほしい。多数の目が存在する集団では，1人で草を食べる場面と比べて，捕食者の接近に未然に気づきやすい。その一方，各個体にとって，警戒行動に携わることは自分が草を食べる効率を減らしてしまう。警戒行動に伴うそうしたコスト（協力のコスト）を考えると，各個体は警戒行動をほかの個体に任せ，自分は草を食べることに100%専念した方が得になりそうである。同じ事情が全個体にとって成立するから，ここでも社会的ジレンマの論理的帰結，すなわち，全個体非協力の均衡が生まれるという予測が得られそうである。しかし，本当にそうだろうか？

ここで，各個体が警戒行動に携わったときに，捕食者を発見できる確率を p としよう（簡単のため，p はすべての個体について等しいとする）。このとき，n 頭の個体が互いに独立に警戒するなら，集団全体として捕食者の接近を検出できる確率 $P(n)$ は，

第6章 集団の生産性とただ乗り問題

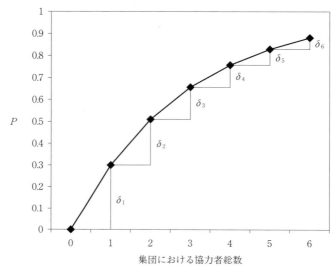

図6-3 警戒成功確率に関する集団生産関数の例（集団が6個体からなり，各個体の捕食者発見確率 p を 0.3 と仮定）　集団内で警戒に携わる協力者の総数を n とすると，集団全体としての捕食者発見確率 $P(n)$ の理論値は，$P=1-0.7^n$ となる。

$$P(n)=1-(1-p)^n$$

となる。$P(n)$ は，集団内の協力者数 n に応じた，警戒成功確率についての集団生産関数と見ることができる。図6-3にこの関数の例を示した。

図6-2の集団生産関数のかたちと比べていただきたい。図6-2の関数が協力者数 n の増加にともなって集団生産量が一定に伸びる線形の関数であるのに対して，図6-3の関数は，生産量が次第に頭打ちになる「限界逓減型」の関数になっている。より多くの目があるほど捕食者の発見確率は高くなるが，その伸び具合は，目の数が増えるに従って急速に頭打ちになる（$\delta_1>\delta_2>\delta_3>\delta_4>\delta_5>\delta_6$）。

こうした限界逓減型の集団生産関数は，捕食回避場面だけではなく，多くの適応課題について当てはまる。例えば，複数個体で資源を探索する社会的採餌（social foraging），群れ全体としての営巣地選定，発見した資源を巣やキャンプに持ち帰るためのメンバー動員など，ヒトを含む多くの動物種に共通するさまざまな協同場面で，限界逓減型の集団生産関数が普遍的に認められる（Kameda,

3. 社会的ジレンマは普遍的か？

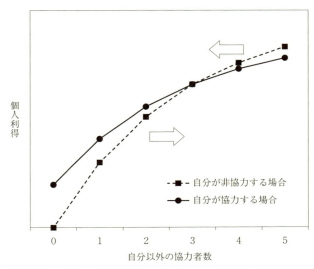

図 6-4　限界逓減型の集団生産場面（図 6-3 参照）における個人の利得関数の例　横軸は自分以外の 5 個体のうち何個体が協力するか（本文の例では，警戒行動に携わるか）を示し，それぞれの場合に，自分が非協力の手を取るときの利得（破線），協力の手を取るときの利得（実線）を図示している。ここでは，協力コスト C を，$\delta_4 < C < \delta_3$ と仮定した。

Tsukasaki, Hastie & Berg, 2011; Foster, 2004）。それでは，こうした限界逓減型の集団生産関数は，協力行動に対してどのような意味をもつのだろうか。

図 6-4 に，図 6-3 の集団生産関数を，個体の利得関数に書き換えた例を示す。図 6-1 と同じく，横軸は，自分以外の集団メンバーの中で協力する（＝警戒に携わる）個体が何個体いるかを示している。図 6-1 の社会的ジレンマゲームとの違いは明白である。図 6-4 では，各個体にとって非協力の手が協力の手に比べ一意的に得になるのではなく，どちらの手が得になるのかは，他個体の取る手に依存する。すなわち，まわりに協力者が多いならば，自分は非協力の手を取る方が得になる（図の右側）。一方，協力者が少ないなら，自分は協力の手を取る方が得になる（図の左側）。「まわりの個体と反対の手を取る方が自分の得になる」という利得関数が全員に当てはまる結果，図 6-4 の矢印で示したような力学が集団に働き，グループの中には常に 3, 4 個体の協力者が存在するという

181

均衡が生まれる。すなわち，この場面での均衡は，社会的ジレンマのように全員非協力ではなく，協力者と非協力者が共存する混合均衡（mixed equilibrium）であることが理論的に予測される。

以上の理論的展開は，生態学的妥当性の高い多くの集団場面の構造は，社会的ジレンマとは言えないことを意味している。捕食回避，資源探索といった適応課題の多くは，限界逓減型の集団生産関数をもち，社会的ジレンマのように非協力が協力を常に上回る個人利得をもたらすとは限らない。そうした場合には，集団内には，協力者と非協力者が安定して共存する混合均衡が生まれる。この意味で，実際の集団協同場面の多くは，「共有地の悲劇」（Hardin, 1968）が描くほどには悲劇的でない可能性が高い。

4. 生産者－寄生者ゲーム

このようなゲームは，行動生態学で「生産者－寄生者ゲーム」（producer-scrounger game）と呼ばれており，動物の群れにおける社会的採餌行動を説明する有力なモデルの1つになっている（Giraldeau & Caraco, 2000）。ただし，この考え方をヒトの社会行動に敷衍する試みはほとんど行われていない（cf. Kameda & Nakanishi, 2002, 2003）。そこで，筆者らは，大学生を対象に以下のような集団実験を行ってみた（Kameda, Tsukasaki, Hastie & Berg, 2011）。

●投票のパラドックス

政治学で「投票のパラドックス」（paradox of voting）と呼ばれる現象がある。ここでは次のような「経済学者にとってのジョーク」を用いて説明しよう。2人のアメリカ人経済学者が日曜日の午後，イリノイ州知事選挙の投票所でばったりと出くわした。とたんに二人は「なぜ自分が投票所にいるか」の言い訳を始めた。「妻がどうしても投票に行けとしつこく言うからイヤイヤ来たんだ」，「たまたま犬の散歩で近くまで来ていたから」などなど，経済学者の「言い訳」は続く。多くの読者にとってこのやり取りはナゾに見えるだろう。しかし，合理性を教義とする経済学者にとって，「投票に出かけること」は職業的異端の行為である。知事選への投票総数が数百万を超える以上，自分の投票が知事選

の帰趨に及ぼす影響はほぼ確実に0である。一方で日曜日の午後に投票所に足を運ぶ行為には、時間や労力などの点で、確実に個人的コストがかかる。投票に出かけることはこの意味で経済学的に不合理である。もちろん、誰も投票しなければ、あるいは少数の特定の利益団体に組織された者だけしか投票しないならば、知事選は悲惨な結果になるだろう。しかし、知事選の結果が全員に共有されるものであるのに対して、よい決定を生むための投票コストは個人が負担しなければならない。このジレンマがあるのにも関わらず、なぜ（経済学者を含む）多くの人々は投票するのだろうか？　これが「投票のパラドックス」と呼ばれる問題である。

● 「狩人チーム」実験

投票のパラドックスに関する政治学の通常の答えは、人々は投票参加に規範的な意味を見出すから（「投票は市民の義務である」）といった、社会価値に基づく説明である。確かにそうした市民意識をもつ人々がいることは疑い得ない。しかしここではそうした規範意識が働きにくい、以下のようなシンプルな実験状況を考えてみよう。

6人の被験者が実験に呼ばれる。実験室到着後、各被験者は、コンピュータ・ターミナルの設置された小部屋にそれぞれ通される。各被験者は互いに対面する機会を一切与えられず、すべてのコミュニケーションは、コンピュータを通して行われる。

実験の課題は、期待報酬額の異なる10個の選択肢の中から、6人で集団意思決定を行うという課題である。具体的には、獲物数の異なる10個の「狩り場」の中から、被験者は6人の狩人チームとして、1つの狩り場を選ぶという実験設定を用いた。

各選択肢の良さ（「獲物数」）について、被験者は事前に何も知らされていない。しかし、一定のコストを個人的に支払えば、すべての選択肢（「狩り場」）の良さの程度についてノイズを含んだ統計的手がかりを与えられ、被験者は投票する機会を許される。こうした「投票コスト」を個人的に払うかどうかは、各人の自由に完全に任される。また、各人の匿名性は完全に保証されているので、誰が「投票コスト」を払い、誰が払わなかったかを、被験者は知ることが

第6章 集団の生産性とただ乗り問題

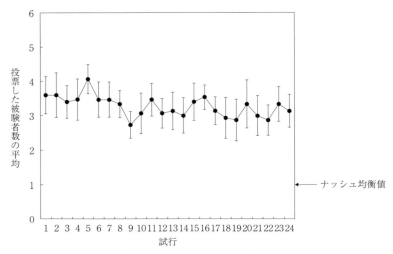

図6-5 集団の意思決定実験で6人グループのうち，投票コストを個人的に支払って投票した被験者数の平均の推移　縦棒は標準誤差を表す。被験者の選択データから理論的に推定された協力者（＝投票者）数のナッシュ均衡値は $n=1$（Kameda, Tsukasaki, Hastie & Berg, 2011）。

できない。

　グループの決定は10個の選択肢の中で，コストを払って投票したメンバーの票を最も多く集めた選択肢に決まる（つまり，「多数決原理」に基づく集団意思決定が行われる）。その選択から得られた報酬（獲得された獲物）は，コストを払って投票したかどうかに関わらず，6人のメンバー全員に均等に分配される。その際，投票したメンバーに支払われる最終的な報酬金額は，均等配分額から投票コストを差し引いたものになる。一方，投票しなかったメンバーは，均等配分額そのままを，最終報酬として受け取る。したがって，同じグループの中で比較すると，「投票コスト」を負担する行為よりも，「投票コスト」を負担せず，獲物の均等配分だけを受け取る行為の方が，得になる。

　こうした集団意思決定を，10個の選択肢の期待報酬額（「獲物数」）を毎回ランダムに変えながら，同じ6人グループで合計24試行実施した。

　図6-5に，6人グループの中で投票コストを個人的に負担した被験者数の平

均が、実験全体を通じてどのように推移したかを示した。図から分かるように、24回の試行全体を通じて、6人中平均して3名程度の被験者が投票コストを負担している。コストを負担する「協力者」数は、試行全体を通じてゆるやかに減衰はするものの、0にはほど遠いところで行動的に安定する（＝平均値のまわりのばらつきも試行が進むに連れて小さくなっている）という結果である。投票者人数に応じて集団としての獲物獲得数がどのように変化するのか、実際のデータから「集団生産関数」を推定し、このゲームにおける理論的なナッシュ均衡値を求めたところ、$n=1$ だった。平均的な協力数が6名中3名程度という本実験の結果は、理論的均衡値を大きく上回るところで、行動的な均衡が集団内に生じていることを意味している。

上記の実験結果は、社会的ジレンマモデルや「投票のパラドックス」のイメージとは大きく異なっており、市民意識や規範道徳が作用しにくい匿名性の保証された場面でも、協力的な行動均衡が集団内で生まれることを示唆している。

●生産者と寄生者の「役割分化」

「狩人チーム」実験では、1回のプレイについて同じチームの中だけで比較すると、「投票コスト」を負担する行為よりも、「投票コスト」を負担せず、獲物の均等配分だけを受け取る行為の方が常に得になる。したがって、ゲーム理論的には、平均して6人中1人（＝ナッシュ均衡値）が毎回協力するように各メンバーが行動する、例えば、各メンバーが互いに独立に毎回1/6の確率で協力する（＝投票コストを負担する）などの行動パターンが予測される。そのようにすれば、各メンバーの平均利得は、6人の間でほぼ均等になり、安定するだろう。

図6-6に、協力パターンの時間的な推移を示した。この分析では、全24試行を8試行ずつの3つのブロックに分けた。x軸は、各ブロックにおいて、全く協力しなかった（8試行中0回協力の）被験者、1回だけ協力した被験者、……、8試行すべてで協力した被験者を示し、y軸はそれぞれの被験者の観察頻度を示している。

さて、ゲーム理論が予測するように「メンバーが互いに独立に毎回1/6の確率で協力する」なら、ここでの協力パターンは、8回中1、2回（＝8×1/6）だ

第6章 集団の生産性とただ乗り問題

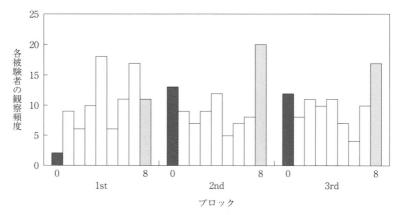

図6-6　協力（投票）パターンの時間的な推移　全24試行を，8試行ずつの3つのブロックに分けた。x軸は，各ブロックにおいて，全く協力しなかった（8試行中0試行協力の）被験者，1回だけ協力した被験者，……，8試行すべてで協力した被験者を示している。生産者（協力者）と寄生者（非協力者）の「役割分化」が次第に生じたことが分かる。

け協力する被験者が大多数を占める頻度分布になるはずだ。しかし，結果はこの理論予測をまったく支持していない。最初のブロックでは，4回協力する被験者を最頻値としてほぼ対称的だった分布パターンが，第2，第3ブロックでは，生産者（協力者）と寄生者（非協力者）に明確に分かれることが分かる。「確率1/6で協力・非協力を独立に決める」という行動戦略を誰もが同じように採用するのではなく，一貫して生産に携わる完全協力者と，一貫して寄生する完全非協力者とを両極とする，一種の「役割分化」がグループの中に生まれるという知見である。

● 「協力者＝いい人」か？――「宝探しゲーム」実験

こうした「役割分化」を説明する1つのありがちな"心理学的解釈"は，「協力者＝いい人」説であろう。集団に協力する（ここでは投票コストを担う）人は，市民意識や規範道徳を備えた「人格者」，あるいは，他者につけ込まれる「お人好し」であるという説明は，一見するともっともらしい。しかし本当にそうなのだろうか？

4. 生産者 - 寄生者ゲーム

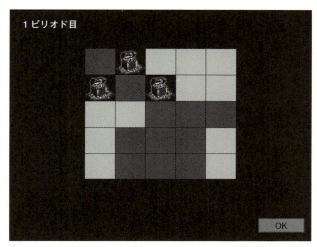

図6-7　宝探しゲーム　4名1組で，5×5のマトリクスの中に隠された宝を見つけるゲーム。どこの場所を探すかについて，被験者間でコミュニケーションをとることはできない。宝を探すための「穴掘り費用」を負担するかどうかは個人の自由に任される。一方，見つかった宝は，「穴掘り費用」を負担して宝を探したか否かに関わらず，4名の被験者に均等に分配される。被験者の得る実験報酬は，見つかった宝の均等分配から「穴掘り費用」を差し引いた額となる。

そこで，次のような「宝探しゲーム」実験を行ってみた（金・豊川・亀田，2012）。この実験では，4名1組の被験者が，5×5のマトリクスの中に隠された宝を見つける課題を行う（図6-7参照）。ただし，どの場所を探すのかについて，被験者間でコミュニケーションをとることはできない。また，宝を探すための「穴掘り費用」を負担するかどうかは個人の自由に任され，誰が負担したか，負担しなかったかについては完全な匿名性が保証される。一方，見つかった宝は，「穴掘り費用」を負担したか否かに関わらず，4名の被験者に均等に分配される。被験者の得る実験報酬は，見つかった宝の均等分配額から「穴掘り費用」を差し引いた額となる。言うまでもないが，被験者同士でどこを探すのかについて相互調整ができない，この「宝探しゲーム」は，図6-3に示したような限界逓減型の集団生産関数をもつ。

実験は，1セッションに16名の被験者が参加し，次のように進んだ。まず

第6章 集団の生産性とただ乗り問題

16名をランダムに4つの4名グループにわけ，それぞれのグループで「宝探しゲーム」を15試行実施する。次に，この15試行のゲームで，もっとも協力的だった（「穴掘り費用」を負担した）被験者から，もっとも非協力的だった被験者まで，グループごとに被験者に1位から4位までの順位をつける。そして，1位の被験者だけ，2位の被験者だけ，3位の被験者だけ，4位の被験者だけを集めた，協力順位別グループに16名全員を再編成し，同じゲームを30試行実施した。

　さて，もし「協力者＝いい人」説が正しいなら，1位チームでは協力が持続する一方，4位チームでは非協力が持続するはずである。結果を図6-8に示した。

　図6-8は，図6-6と同じように，協力パターンの時間的推移を示している。グループの協力順位別再編成後の30試行で何が起こっただろうか。図から分かるように，協力者ばかりを集めた1位グループにおいて，時間が進行するにつれて1回も協力しない完全非協力者（グラフの左端）が現れた。反対に，非協力者ばかりを集めた4位グループにおいて，15試行すべて協力する完全協力者（グラフの右端）が現れている。つまり，協力順位で1位の者ばかり集めたグループでも協力は持続しない反面，4位の者ばかり集めたグループでも非協力は持続しない。グループの中で一定数のメンバーが協力するというパターンがいずれの状況でも自生するという結果である。さらに，興味深いことに，実験での協力，非協力の程度は，実験で測定したさまざまなパーソナリティ尺度のいずれともまったく関係しなかった。集団生産場面での協力行動の規定因は，人柄（パーソナリティ）ではないという知見である。

　以上の実験結果をまとめると，「協力者＝いい人」なのではなく，周囲の状況に応じて人々は行動を可塑的に決定しているらしい。まわりに協力者が多ければ自分はサボる，一方，まわりに非協力者が少なければ自分は協力するといった，「生産者－寄生者ゲーム」のロジックに沿った形で，集団生産場面での人々の行動が決まっているようだ。この意味で，多くの人々は，「道徳家」「お人好し」「筋金入りの怠け者」のいずれにも該当せず，集団の状況に応じて行動を決定している「リーズナブルな戦略家」にもっとも近いと言えそうである。

　興味深いことに，「協力者ばかり集めると非協力者が現れる」「非協力者ば

4. 生産者 - 寄生者ゲーム

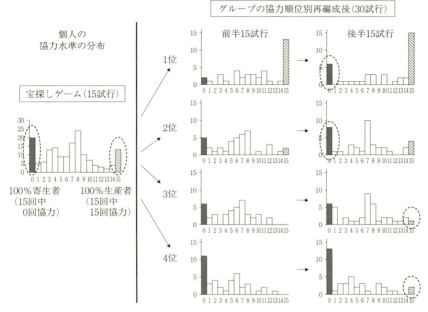

図 6-8 **協力パターンの推移** 16 名をランダムに 4 つの 4 名グループにわけ，それぞれのグループで「宝探しゲーム」を 15 試行実施した後，この 15 回のゲームで，もっとも協力的だった（「穴掘り費用」を負担した）被験者から，もっとも非協力的だった被験者まで，グループごとに 1 位から 4 位までの順位をつけた。そして，1 位の被験者だけ，2 位の被験者だけ，3 位の被験者だけ，4 位の被験者だけを集めた，協力順位別グループに全員を再編成し，同じゲームを 30 試行実施した。グラフの x 軸は，15 試行のうち何回協力した被験者かを示している。

かり集めても協力者が現れる」という，上述の実験の結果は，長谷川英祐らによるアリを用いた近年の集団実験の結果ともよく整合する（長谷川, 2010; Ishii & Hasegawa, 2013）。

長谷川らは，シワクシケアリのコロニーを飼育し，個体を識別した上で，各個体の働き度合いを調べ，よく働く個体だけのコロニーを再構成した。そのうえで，各コロニーでの働き度合いを観察したところ，働き度合いの分布は元のグループと同じようになるという知見を得た。「働きものの中にサボる個体が

現れる」という結果である。長谷川らは，こうした集団レベルの現象が，個体の「反応閾値」(response threshold) の違いによって生まれると考えている。ここでの反応閾値の違いとは，当面の適応課題への「感受性」の違いと言い換えることもできる。アリのコロニーでは，必要な仕事が現れると，反応閾値のもっとも低い個体がまず取り掛かり，別の仕事が現れたら次に閾値の低いアリが動員されるといったかたちで，仕事の総量にちょうど見合うだけの個体数がコロニー全体として動員されることになる。もし全員が同じ反応閾値をもっているとしたら，仕事への適正な動員は起こらず，動員数は過小か過大のいずれかになってしまい，極めて非効率的である。血縁のコロニーを作るアリは，コロニーを構成する「部品」(=個体) の反応閾値に違いを生み出すことで，コロニー全体の効率を最適化するシステムを進化的に獲得しているのだろう。ただし，こうした集団的な利益計算システムが，非血縁者を含む集団で生きているヒトに，進化的に備わっているとはとても考えられない。社会的ジレンマモデルが明確に定式化しているように，ヒトは，基本的には「集団全体の福利」のためにではなく，「個体の利益」のために行為を選択する存在である。本章で扱ってきた生産者–寄生者ゲームにおいてもこの原則はまったく同じである。したがって，「ヒト集団において協力者ばかり集めると非協力者が現れる」という金ら (2012) の実験結果は，アリのように，集団効率を高めるためのシステムが作動したからではなく，あくまでも，個々人の選択が生み出した集合的帰結であるという点に留意したい。

5. 結論

本章では，集団における生産性（「規模の経済」）の可能性を考える上で，これまで支配的だった「社会的ジレンマ」(social dilemma) をモデルケースとして用いる着想が妥当と言えるかどうかについて，理論と実験を通じ，批判的に再検討した。第2節で詳しく見たように，捕食回避や資源探索を含む，生態学的に代表的な適応問題の多くは，社会的ジレンマの構造をもっていない。協力者の数が多くなるほど集団全体としての生産性は単調に増加するが，伸び率は次第に頭打ちになるという「限界逓減型」の集団生産関数は極めて普遍的であ

り，種の違いを超えて，多くの集団協同場面に共通して認められる構造である。

そうした構造においては，社会的ジレンマとは異なり，非協力行動が一意的な優越戦略にはならない場合がある。どのような行動が個体に取って有利かは，ほかの個体のとる行動の頻度に負の形で依存する。まわりの個体が協力するなら自分は非協力する方が有利になる一方，まわりが非協力なら自分は協力する方が有利になるという「負の頻度依存性」（negative frequency-dependency）が働く結果，集団の中には，協力的な「生産者」と，非協力的な「寄生者」が混在するという均衡状態が安定的に生まれる。こうした集団構造は，ヒトの社会集団についてもまったく同様に当てはまる。この意味で，集団での協同場面の多くは，「共有地の悲劇」（Hardin, 1968）が描くほどには悲劇的ではなく，「規範道徳」や「市民意識」といった"高級な"価値がない状態でも，一定数の協力者が安定して存在する生態環境だと言えるだろう。

本章で報告した実験からは，そうした生態環境におけるヒトの集団協力が，安定したパーソナリティ（「協力者＝いい人」）によるというよりも，むしろ，周囲の他者を考慮した戦略的思考によって支えられていることが明らかになった。こうした知見が集団での協同行為に対してもつ意味は明確である。集団での協同行為に対して人々を動機づけるものは，「市民意識」や「規範」といった道徳価値や忠誠感情だけではなく，自分の行為が集団生産性を向上させるうえで有意味な貢献になるかどうか（自分の利益の面からも有意味な貢献になるかどうか）という認識がより重要だという含意である。自分が協力することで集団の生産性（図6-3の限界収益 δ）が十分に上がるのなら人は集団に協力する。一方，限界収益 δ がほとんど上がらないのなら協力に意味を見いださない。

とすれば，「規模の経済」を生み出す上で重要な鍵は，いかにして個々人の限界収益 δ を減らさない仕組みを作り出すか，つまりメンバーのインプットを集団のアウトプットに集約する際の非効率（「船頭多くして，船，山に登る」といった非効率）を生まないためのデザインをどう作り出すかにかかっていると言えるだろう。ハチやアリといった社会性昆虫は，血縁社会をつくることで，こうした優れたデザインを進化的に獲得してきた（第5章，および，Kameda, Wisdom, Toyokawa & Inukai, 2012 参照）。ハチやアリとは異なり，非血縁者を含む社会集団を作るヒトは，こうした仕組みを進化的にではなく，自分たちの知

恵と経験を駆使して実現しなければならない。集団の知恵を生物的に埋め込まれた形では利用できないということは，ヒトにとって，ハンディキャップであるとともに，大きなチャンスでもある。結局のところ，「規模の経済」を生み出すための仕掛け作りこそが，ヒト社会の，そして人間社会の進歩を支える第一の原動力であるからだ。この意味で，よりよい集団の設計は，ひとえに私たちの知恵にかかっている。

参考文献
Dawes, R. M. (1980). Social dilemmas. *Annual Review of Psychology*, **31**, 169-193.
Dunbar, R. I. M. (1996). *Grooming, gossip and the evolution of language*. Farber & Farber.（ロビン・ダンバー　松浦俊輔・服部清美（訳）(1998). ことばの起源：猿の毛づくろい，人のゴシップ　青土社）
Foster, K. R. (2004). Diminishing returns in social evolution: the not-so-tragic commons. *Journal of Evolutionary Biology*, **17**, 1058-1072.
Giraldeau, L. A., & Caraco, T. (2000). *Social foraging theory*. Princeton University Press.
Hardin, G. (1968). The tragedy of the commons. *Science*, **162**, 1243-1248.
長谷川英祐（2010）．働かないアリに意義がある　メディアファクトリー．
Ishii, Y., & Hasegawa, E. (2013). The mechanism underlying the regulation of work-related behaviors in the monomorphic ant, Myrmica kotokui. *Journal of Ethology*, **31**, 61-69.
Kameda, T., & Nakanishi, D. (2002). Cost-benefit analysis of social/cultural learning in a nonstationary uncertain environment: An evolutionary simulation and an experiment with human subjects. *Evolution and Human Behavior*, **23**, 373-393.
Kameda, T., & Nakanishi, D. (2003). Does social/cultural learning increase human adaptability? Rogers's question revisited. *Evolution and Human Behavior*, **24**, 242-260.
Kameda, T., Tsukasaki, T., Hastie, R., & Berg, N. (2011). Democracy under uncertainty: The wisdom of crowds and the free-rider problem in group decision making. *Psychological Review*, **118**, 76-96.
Kameda, T., Wisdom, T., Toyokawa, W., & Inukai, K. (2012). Is consensus-seeking unique to humans? A selective review of animal group decision-making and its implications for (human) social psychology. *Group Processes & Intergroup Relations*, **15**, 673-689.
金恵璘・豊川航・亀田達也（2012）．"協力的パーソナリティ"再考：集団場面での役割可塑性に関する実験的検討　日本社会心理学会第53回大会論文集，117．
山岸俊男（1990）．社会的ジレンマのしくみ：「自分1人ぐらいの心理」の招くもの　サイエンス社．

索　引

あ 行

アリ　154, 155, 161, 189-191
閾値反応（quorum response）　151, 160-162
イメージ・スコアリング　121
後ろ向きの合理性　108
冤罪　45, 46
オストロム（Ostrom, E.）　42

か 行

回転非分割財ゲーム（Rotating indivisible goods game）　53, 54, 56, 57, 69
開放個人主義原理　28
確率的最良応答　37
監視　56, 59, 72
間接互恵性（indirect reciprocity）　11, 17, 24, 106, 110, 117, 119, 121, 123, 125-128, 138, 141, 142
カンドリ規範　23, 30
寛容戦略　122, 123
規範　iii, 3, 10, 19, 21, 23, 27, 85, 88, 90, 92, 103, 104, 105, 108, 110, 112, 120, 183, 191
規範の過大視　95
ギビング・ゲーム　120, 126, 130
規模の経済（economy of scale）　7, 175, 191
強制的プレイ　126-129, 131, 132, 135, 136, 138, 141, 142, 144
共同処罰　42
共有地の悲劇　42, 86, 177, 182, 191
共有予想　105
協力　9, 10, 15, 185, 188
均衡　104, 106, 108
群集行動　157, 158
群淘汰　100, 101
警戒行動　16, 179
血縁淘汰　16, 101, 119

ゲーム理論　104, 108
限界逓減　180, 182, 190
厳格戦略　123, 124
講　54, 58, 60, 61, 66, 70, 71, 74, 79-82
合意　151, 159
公共財　50, 54, 56, 69, 86, 167
構造的目標期待理論　93
行動戦略　20, 21
効用　35, 36
互恵的利他主義　16
湖沼　32
個体群動態　157
コーディネーション問題　7
混合均衡（mixed equilibrium）　182
コンドルセの陪審定理　164, 165

さ 行

搾取への恐れ　93, 94
ザグデン規範　24, 32
参加者選別　54-56, 66, 69, 70
サンクション　10, 87, 88, 90, 92, 94, 104, 106, 108, 110, 112
3人寄れば文殊の知恵　160
自己組織的　156
自然淘汰　16
実効化　87, 88, 90, 92, 103, 104, 106, 108, 110, 112
社会心理学　157
社会性昆虫　8, 11, 16, 150, 152, 175, 191
社会的圧力　34
社会的学習　157, 168
社会的寄生者　18, 31
社会的交換　103, 104, 106, 108, 110
社会的採餌　180
社会的ジレンマ（social dilemma）　12, 33, 87, 88, 90, 92, 94, 98, 104, 109, 144, 175, 177, 182,

193

索　引

185, 190
社会脳仮説（social brain hypothesis）　6
周期的変動　39
集合行動　169
集合知　153, 165-167
囚人のジレンマゲーム　49, 69
集団意思決定　11, 149-151, 163, 164, 169, 184
集団としての生産関数（集団生産関数）　178, 180, 182, 185, 187, 190
集約型意思決定　151, 167
受領権喪失ルール　56, 59, 66, 69, 70
生涯繁殖成功度　15
商人道　28-30
消費者の意思決定　158
処罰　10, 24, 27, 34
進化シミュレーション　49, 54, 56, 59, 61, 69, 71
水質汚濁　43
スーパースター現象　158, 159
制裁　57
生産者-寄生者ゲーム（producer-scrounger game）　182, 188, 190
生態学　157
生態系　32, 33, 37
制度（institution）　10, 104
正のフィードバック　38, 152, 158, 161
選好傾向　137, 138, 140
選択的プレイ　110, 126-129, 131, 132, 135, 137, 138, 141, 143, 144
双安定　38
相互援助ゲーム（mutual aid game）　51, 57, 81
相互協力問題　85, 89
相互扶助　51, 58, 59, 67, 68, 70, 74, 77-80, 82

た　行

対称性の破れ　155
大数の法則　160, 165
大脳新皮質　5
多数決　160, 161, 184
頼母子講　49, 51-53, 57-68, 70, 72, 73, 75, 77, 79
多腕バンディット問題　167, 168

探索と収穫のジレンマ　167, 168
ダンバー（Dunbar, R.）　5
チキンゲーム　49
秩序問題　8, 175
直接互恵性　118, 120, 125, 127
強い互恵性　99, 100, 102
適応　118, 119
適応度　15
適応問題　5, 7, 179
適応論的アプローチ　118
デフォルト　53, 65, 67
同調　37, 157-159, 166
投票　151, 161
投票のパラドックス（paradox of voting）　182, 185
匿名性　183, 185, 187
独立性と相互依存性の葛藤　166
独立で同一な確率分布　165
トレードオフ　8, 9

な　行

二次のジレンマ問題　87, 92, 94, 96, 98, 106, 108, 110

は　行

排除　108, 110, 112
陪審　158, 163
罰　59, 71, 88, 90, 94, 96, 98, 100, 102, 108, 110, 112, 143
万人の万人に対する闘争　4
ピア処罰　41
比較制度分析　103, 104, 106
非線形力学系　38
評判　18, 20, 107, 109, 110, 119, 144, 145
富栄養化　33
不均一　45
複数レベル淘汰　101, 103
武士道　28-30
負の頻度依存性（negative frequency-dependency）　191
負のフィードバック　38
フリーライダー　12, 50, 73, 74, 78, 166-168
報酬　88, 90, 99, 100

ホッブズ問題　　4, 175
ボランティアのジレンマ（volunteer's dilemma）　51

ま　行

前向きの合理性　　108, 110
身内集団原理　　28
ミツバチ　　152, 161
メタ規範　　96, 99
模合　　52, 53, 60, 64, 67, 69
模倣　　157

や　行

役割分化　　185, 186

ら　行

乱獲　　43

リーディングエイト　　21, 22
リスク　　65
利他行動　　16, 117-120, 124-129, 136-139, 141-145
利他的罰　　99
利他的報酬　　99
リン濃度　　39
輪番　　51, 82
累進的処罰　　42, 45
連結　　103, 106, 108, 110
連動　　96, 98
ロジャースのパラドクス　　167, 168

アルファベット

Rotating Savings and Credit Association（ROSCA）　49, 51, 54, 56, 57

執筆者紹介

亀田達也（かめだ たつや） 編者 序章，第6章
1960年生まれ。イリノイ大学大学院心理学研究科博士課程修了。Ph. D.（心理学，イリノイ大学アーバナ・シャンペーン校）。現在，東京大学大学院人文社会系研究科教授。著書に『合議の知を求めて——グループの意思決定』（共立出版）など。

巖佐　庸（いわさ よう） 第1章
1952年生まれ。京都大学大学院理学研究科博士後期課程修了。博士（理学，京都大学）。現在，九州大学大学院理学研究院教授。著書に『生命の数理』（共立出版）。

中丸麻由子（なかまる まゆこ） 第2章
1971年生まれ。九州大学大学院理学研究科博士後期課程単位取得退学。博士（理学，九州大学）。現在，東京工業大学大学院社会理工学研究科准教授。著書に『進化するシステム』（ミネルヴァ書房）。

小池心平（こいけ しんぺい） 第2章
1984年生まれ。現在，東京工業大学大学院社会理工学研究科博士課程。

高橋伸幸（たかはし のぶゆき） 第3章
1970年生まれ。アリゾナ大学大学院社会学研究科博士課程修了。Ph. D.（社会学，アリゾナ大学）。現在，北海道大学大学院文学研究科准教授。編著書に『集団生活の論理と実践』（共編，北海道大学出版会）。

稲葉美里（いなば みさと） 第3章
1989年生まれ。現在，北海道大学大学院文学研究科博士後期課程。日本学術振興会特別研究員（DC1）。論文に「社会的交換の形態が社会的連帯に及ぼす影響の比較」（心理学研究，**83**, pp. 27-34）。

真島理恵（ましま りえ） 第4章
1979年生まれ。北海道大学大学院文学研究科博士後期課程単位取得退学。博士（文学，北海道大学）。現在，熊本学園大学商学部専任講師。著書に『利他行動を支えるしくみ』（ミネルヴァ書房）。

豊川　航（とよかわ わたる） 第5章
1988年生まれ。北海道大学大学院文学研究科博士後期課程。日本学術振興会特別研究員（DC1）。論文に 'Human collective intelligence under dual exploration-exploitation dilemmas'（*PLoSOne*, **9(4)**: e95789）

執筆者紹介

金惠璘（きむ へりん）第6章
1987年生まれ。北海道大学大学院文学研究科博士後期課程。日本学術振興会特別研究員（DC1）。論文に 'Human collective intelligence under dual exploration-exploitation dilemmas' (*PLoSOne*, **9(4)**: e95789)

シリーズ監修者紹介

西條辰義（さいじょう たつよし）
1952年生まれ。ミネソタ大学大学院経済学研究科修了。Ph.D.（経済学）。カルフォニア大学サンタバーバラ校経済学部助教授，筑波大学社会工学系助教授，大阪大学社会経済研究所教授を経て，現在，高知工科大学制度設計工学研究センター長。文部科学省特定領域研究「実験社会科学――実験が切り開く21世紀の社会科学」代表。専門は制度設計工学，公共経済学。編著書に『社会科学の実験アプローチ』（共編，勁草書房）『実験経済学への招待』（NTT出版）。

フロンティア実験社会科学 6
「社会の決まり」はどのように決まるか

2015年1月20日　第1版第1刷発行

編著者　亀　田　達　也
　　　　（かめ　だ　たつ　や）

発行者　井　村　寿　人

発行所　株式会社　勁　草　書　房
　　　　　　　　　（けい　そう）

112-0005 東京都文京区水道2-1-1　振替 00150-2-175253
（編集）電話 03-3815-5277／FAX 03-3814-6968
（営業）電話 03-3814-6861／FAX 03-3814-6854
本文組版 プログレス・日本フィニッシュ・松岳社

©KAMEDA Tatsuya　2015

ISBN978-4-326-34916-6　　Printed in Japan

JCOPY　〈(社)出版者著作権管理機構 委託出版物〉
本書の無断複写は著作権法上での例外を除き禁じられています。複写される場合は，そのつど事前に，(社)出版者著作権管理機構（電話 03-3513-6969，FAX 03-3513-6979，e-mail: info@jcopy.or.jp）の許諾を得てください。

＊落丁本・乱丁本はお取替いたします。

http://www.keisoshobo.co.jp

フロンティア実験社会科学

監修　西條辰義

　社会科学における実験研究は近年急激な勢いで増加している。その背景には，これまでの議論で前提とされてきた合理的な人間の振る舞いと，実際の行動とがうまく対応していないこと，そのため個別の行動原理のみならず，ヒトが進化のプロセスで獲得した特質や生態学的妥当性をも考慮した，人間性についての新しい基本的モデルが求められていることがある。本シリーズの特徴は，従来の社会科学実験研究の成果を再検討し，理論と実験に基づく社会制度の設計に対して基礎を与える，新たな人間性モデルの開発を重視している点にある。制度設計・評価のための実験研究と人間性モデル構築のための実験研究とを有機的に結合し，社会科学での使用に耐えうる人間性モデルを構築する。

第1巻	西條辰義・清水和巳編著『実験が切り開く21世紀の社会科学』	3000円
第2巻	西條辰義編著『人間行動と市場デザイン』	近刊
第3巻	肥前洋一編著『実験政治学』	近刊
第4巻	清水和巳・磯辺剛彦編著『社会関係資本の機能と創出』	近刊
第5巻	竹村和久編著『選好形成と意思決定』	近刊
第6巻	亀田達也編著『「社会の決まり」はどのように決まるか』	3000円
第7巻	山岸俊男編著『文化を実験する』	3200円

［一部仮題］

――勁草書房

＊表示価格は2015年1月現在。消費税は含まれておりません。